미치지 않았다면
미친 척이라도 해야 한다

미치지 않았다면
미친 척이라도 해야 한다

25살 청년은 어떻게 보험 영업으로
자기 삶을 변화시켰을까?

노원명 지음

나비의 활주로

도전하지 않을 거면
욕심도 부리지 마라

동기부여 언제까지 어중간하고 미적지근하게 살 것인가?

메타인지,
나를 모르면 백전백패다

자기계발

나부터 알아야 세상을 보는 눈이 열린다

3 을이 되어 끌려다니지 말고 갑이 되어 리드하라

영업 노하우

업(業)을 재정의하면, 새로운 길이 보인다

전복적인 생각이
완전히 다른 길을 열어 준다

생각의 대전환

이제까지 믿었던 것을 의심하면, 몰랐던 것을 알 수 있다

사람은 누구나 자신이 하는
'생각의 수준'만큼만 살아갈 뿐이다

딱 3년이었다.

5평의 허름한 반지하 자취방에 살면서 오토바이로 치킨 배달을 하던 내가, 35평 규모의 신축 아파트에 살면서 벤츠 S클래스를 타기까지 걸린 시간이.

신축 아파트를 계약한 날, 그날의 기억은 아직도 선명하다. 부동산 소개로 처음 집을 본 순간, 감탄이 올라오는 것을 억누를 수 없었다. 38층에서 내려다본 광경은 마치 다른 세상처럼 느껴졌다. 넓은 거실에서 창밖을 바라보면 맑은 하늘과 흰 구름이 펼쳐졌고, 광주 시내가 한눈에 들어왔다. 그곳에서 아침 일출까지 볼 수 있다고 했다. 나는 그때 이곳에서 살아야겠다고고 결심했고, 주저 없이 계약했다. 과거 한 달 180만 원을 벌며 치킨 배달을 하던 내가, 이런 집에서 살 거라고는 상상도 하지 못했던 일이다.

사람들은 집이야 고층이든 저층이든 깨끗하고 너무 비좁지 않으면 그게 전부지, 굳이 그 비싼 월세를 내면서 살 필요가 있겠냐고 말할 수도 있다. 하지만 이미 당시의 나는 그것만으로는 만족하지 못했다. 아침에 일출을 마주할 수 있는 집에서 살 수 있는 자랑스러운 나를 매일매일 만나고 싶었고, 퀴퀴한 냄새가 진동하던 반지하 자취방 시절로 다시는 돌아갈 필요가 없는 나를 마음껏 사랑해 주고 싶었다.

벤츠 S클래스도 처음부터 탄 외제 차는 아니었다. 처음에는 BMW 5시리즈, 그다음 벤츠 E 클래스, 그리고 마침내 벤츠 S 클래스 오너가 되었다. 지금은 다음에 어떤 차를 탈지 고민하는 일이 내게 작은 행복을 주는 소소한 즐거움이 되었다. 한때는 낡은 오토바이를 고장 날까 봐 걱정하며 타고 다니던 내가, 이제 그런 걱정 없이 더 넓은 세상으로 나아갈 수 있게 된 것이다.

예전이라면 무슨 선택을 할 때 제일 먼저 통장의 잔고부터 떠오르면서 머리를 빠르게 굴려야만 했다. 다음 달에 내야 할 월세와 생활비,

빚에 대한 이자를 따져가면서 더 저렴하고 싼 것을 골라야 했다. 하지만 외제 차를 바꿀 때 나는 통장 잔고를 굳이 생각할 필요가 없었다. 어차피 매달 벌어들이는 돈의 숫자는 8자리 이하로 떨어지지 않았고, 계속해서 불어나고 있었기 때문이다.

또한 나에 대한 아낌없는 투자도 하고 있다. 1년이면 약 3,000만 원 정도는 고스란히 들어가지만 과도하거나 아깝다는 느낌은 전혀 없다. 어차피 나에 대한 투자는 그 몇 배가 되어 나에게 되돌아올 것이라는 사실을 확신하고 있기 때문이다.

《부자 아빠, 가난한 아빠》를 쓴 로버트 기요사키는 이런 말을 했다.

"부자는 돈을 투자하고 남은 돈을 쓰지만, 가난한 사람은 돈을 쓰고 남은 것을 투자한다."

어느덧 나는 나의 집, 나의 차, 나의 발전을 위해 아낌없는 투자를 하고, 그러고도 남는 돈을 쓸 수 있을 정도가 되었다.

과거의 나를 알던 사람이 오랜만에 변한 나의 모습을 본다면 로또에라도 당첨되거나, 아니면 피라미드 다단계 사업으로 사기라도 쳐서 일확천금을 번 것은 아닌지 의심의 눈초리로 볼 수도 있을 것이다. 하지만 나는 로또에 당첨된 적은 한 번도 없고, 누군가를 속이기 위해 사기를 쳐본 적도 없다.

내 삶의 수준은 내 생각의 수준이다

사실 내가 살아온 과거는 썩 자랑할 만한 것이 아니다. 좋은 대학을 다닌 것도 아니고, 좋은 직장에서의 경험도 없다. 고등학교를 졸업한 후에는 자취방에서 살면서 그냥 아르바이트로 하루하루를 연명해 가는 것이 전부였다. 현금이 없으면 카드를 썼고, 카드 한도가 부족하면 카카오뱅크 비상금 대출을 썼으며, 그마저도 부족하면 소액 대출을 받았다. 그러다 보니 20대 초반에 이미 빚은 700만 원으로 늘어났다. 자연스럽게 한 달, 두 달 카드값이 밀리게 됐고, 시도 때도 없이 걸려 오는 독촉 전화를 받아야만 했다.

사실 그때까지만 해도 나는 변화의 필요성은 느끼지 못했다. 그냥 그렇게 나의 힘으로 벌어먹고 산다는 것도 대견했고, 나이가 어리니 많은 돈을 벌지 못하는 건 당연할 수도 있는 일이라고 생각했다. 한마디로 내가 아는 세상이 전부인 줄 알았고, 내 또래의 사람들은 대충 비슷하게 살 것이라고 생각했다. 내 삶의 수준은 내 생각의 수준, 딱 거기까지였다.

하지만 우연한 기회에 나는 완전히 다른 보험 영업의 세상을 만났다. 한 달에 500만 원, 더 나아가 1,000만 원을 버는 세상이 있다는 것을 알게 됐고, 그 이상도 얼마든지 가능하다는 것을 알았다. 내가 꿈도 꿔보지 못했던 세상을 누군가는 이미 살고 있었다는 사실은 나에게 큰 충격으로 다가왔다. 그때까지 내가 아는 세상은 그냥 '나만 아는 세상'이었던 것이다.

보험 영업을 해보고 싶다는 나의 계획을 어머니께 말씀드리자 펄쩍 뛰셨다. 젊은 시절 방문 판매를 해보시면서 영업이라는 것이 얼마나 어려운지를 알고 계셨기 때문이다. "보험만큼은 절대로 하지 말라"며 신신당부를 하다못해 악을 쓰실 정도였다.

하지만 나는 그때 시작하지 않으면 인생의 큰 후회로 남을 것만 같았다. 눈앞에 손에 잡힐 듯 둥둥 떠다니는 보물선에 올라타지 못하고, 초라하고 가난한 인생이 계속될 것 같은 느낌이었다. 그래서 "딱 3개월만 해보고 안 되면 바로 포기할게." 하고 말씀드렸다.

그때부터 내 생각과 행동을 변화시키기 위해 미친 듯이 노력을 기울였다. 동기 부여에 관한 책과 유튜브를 파기 시작했고, 마인드 세팅을 위한 강연에 쫓아다녔다. 멘토의 심장 떨리는 명언 하나하나를 가슴에 새겨 넣었고, 그것을 실천하기 위해 잠자는 시간 빼고는 모조리 집중했다. 듣고 이해하는 것만으로는 부족했다. 매일 보험 영업을 뛰면서 적용하고 테스트해 보고, 무엇이 잘못됐는지 다시 실행해 봤다. 그냥 한번 해보는 노력이 아닌, 한마디로 '목숨 건 노력'이라고 할 수 있을 것이다.

그러자 서서히 영업에서의 감이 잡히기 시작했고, 방법이 보이기 시작했다. 그러고서는 매달 입금되는 돈의 액수가 달라지기 시작했다. 350만 원, 440만 원, 그리고 2,000만 원… 한 달 수익이 1,000만 원 이상을 넘어서기 시작하자 그 이후로는 8자리 아래로 내려오지 않았다.

20대에 깨닫게 된 부자로 가는 길

나는 지금 나 자신을 '부자'라고 생각하지는 않는다. 진짜 부자는 자신이 일하지 않으면서도 돈을 벌어야 하는 사람이지만, 나는 아직도 열심히 일해야 돈을 벌 수 있기 때문이다.

하지만 내가 알고 있는 것이 있다.

바로 '부자로 가는 확실한 방법'이다.

머리로만 안다면 진짜로 그걸 안다고 말할 수 없을 것이다. 나는 지난 3년간 밑바닥에서부터 체험하고 테스트하며 하나하나 피가 되고 살이 되는 부자가 되는 방법을 깨달았다. 그러니 지금부터는 시간이 걸릴 뿐, 내가 진짜 부자가 된다는 것을 의심할 이유는 없다.

이렇게 부자가 되는 길을 알게 된 후에 다시 살펴본 주변 사람들의 모습에서 새로운 것들을 발견할 수 있었다. 내가 알던 과거의 친구들,

나보다 더 높은 직급을 달고는 있지만 성과는 별로 없는 사람들을 보면 한 가지 공통점을 발견할 수 있었다.

그들은 과거의 나처럼 '딱 자신이 하는 생각의 수준만큼만' 살고 있다는 점이다. 스스로 초라하게 만드는 생각을 하고, 가난해지는 습관을 가지고 있으며, 통장의 잔고가 점점 비어 가는 생활 방식으로 살아간다. 이런 사람들은 늘 자기 합리화를 하며 "내가 지금 못하는 게 아니라 안 하는 거야." "내가 게을러서가 아니라 지금은 어쩔 수 없어서 그런 거야." "하긴 할 건데, 생각하는 중이야."와 같은 핑계를 찾고, 안 될 것 같으면 먼저 도망갈 궁리부터 한다. 자신에 대한 투자는 한 달에 단 10만 원도 아까워하면서 술은 30만 원, 40만 원어치를 마시고, 책은 한 달에 단 한 권도 읽지 않으면서 온라인 게임은 매일매일 꼬박꼬박 시간을 내서 한다.

아인슈타인이 이런 말을 했다고 하지 않은가?

"같은 일을 반복하면서 다른 결과를 기대하는 것은 미친 짓이다."

내가 이 책을 쓰게 된 것은 그런 미친 짓을 더 이상 하지 않았으면 하는 마음이고, 그런 사람들이 안타까워서이다. 부자가 되기를 바라면서 거지처럼 생각하고 행동하는 사람이 안타깝고, 더 나은 삶을 살기를 원하면서도 정반대로 걸어가고 있는 사람이 너무 안타깝기 때문이다. 분명 방법이 있고, 그것을 이루어낼 수도 있음에도 불구하고 도

전조차 하지 못하고, 전혀 엉뚱한 방법으로 하는 사람들이 적지 않다.

이 책에서 나는 이제까지 내가 경험했던 모든 것을 풀어놓으려고 한다. 그러니 독자들은 그것을 그대로 따라 하기만 하면 된다. '줘도 못 먹냐?'는 우스갯소리가 있다. 그러니 내가 숟가락으로 떠먹여 드릴 테니, 이 책을 손에 쥔 독자들은 먹기만 하면 된다. 생각을 바꾸고, 하루를 바꾸고, 행동을 바꾸면 된다. 그러면 최소한 나만큼은 올라올 것이며, 더 노력하면 나 이상으로도 올라갈 수 있을 것이다.

내가 보낸 지난 3년의 시간은 기적이었지만, 이유 없는 기적은 아니었다. 내가 책을 쓰는 이유도 바로 이것이다. 평생 돈 때문에 힘들게 살아야 했던 부모님의 길을 자신도 걸어가야 하는 운명을 앞둔 20~30대의 수많은 흙수저, 나처럼 경력도 학력도 대단치 않은 그 많은 평범한 사람들에게 조금이나마 희망을 주고 싶었기 때문이다. 내가 겪어본 성공의 과정이 결코 쉽지는 않았지만, 그렇다고 끝없이 헤매야 하는 미로처럼 복잡하거나 머리가 터질 듯 어려운 난제는 아니었다. 분명히 방법이 있고, 해결책은 반드시 존재한다.

- 노원명

NEW ATTITUDE FOR
YOUR SUCCESS

동기부여

1

도전하지 않을 거면
욕심도 부리지 마라

언제까지 어중간하고 미적지근하게 살 것인가?

한때 '열정'이라는 말이 크게 유행했다. 자신의 꿈을 이루기 위해 이 열정이 너무나도 중요하다는 이유에서였다. 그런데 많은 이가 이 말을 오해한다. 열정을 단지 뭔가를 간절히 바라는 감정으로만 여기고, 정말로 그 열정을 실현하기 위한 행동의 중요성은 간과하기 때문이다. 그래서 뭔가를 바라기는 하지만 이루지는 못하며, 늘 어중간하고 미적지근하게 살아갈 뿐이다.

나는 열정을 다르게 해석한다. 그것은 '기꺼이 두려움을 감수하고 고통을 감내하는 것'이라고 본다. 이것이 없이는 절대로 상황은 바뀌지 않으며, 원하는 것을 손에 쥘 수 없다.

어떤 면에서 이 세상은 참으로 불공평하면서도 또 어떤 면에서는 너무도 공평하다. 부모님의 직업이나 재산의 정도가 자식의 삶을 좌우한다는 점에서는 불공평하지만, 그 스스로 두려움을 감수하고 고통을 감내하기만 한다면 반드시 결과를 만들 수 있다는 점에서는 참으로 공평하다는 이야기다.

　언제까지 꿈만 꾸면서 살지 않기 위해 이제 안락했던 환경에서 벗어나 자신의 꿈과 더 큰 욕심을 이뤄낼 도전에 나서야 한다.

감옥은 아무리 아름다워도, 결국 감옥일 뿐이다

> "어리석은 자는 자신이 지혜롭다고 생각하지만,
> 지혜로운 사람은 자신이 어리석다는 것을 안다."
>
> - 셰익스피어(문학가) -

'5명의 거지와 있으면 6번째 거지가 되고, 5명의 부자와 있으면 6번째 부자가 된다'는 말이 있다. 나는 이 말을 누구보다 확신한다. 보험 영업을 시작하면서 내가 직면했던 한계를 뛰어넘는 과정이 이 말과 너무나도 정확히 맞닿아 있기 때문이다.

거지들과 함께하면 자연스럽게 거지의 언어를 쓰고, 거지의 사고방식으로 생각하게 된다. 꿈꾸는 미래조차 제한적이고 작다. 반면에 부자들과 어울리면 모든 것이 정반대다. 그들의 말투와 사고방식을 배우게 되고, 문제를 바라보는 관점과 해결 방식도 달라진다. 자연히 더 크고 넓은 세상을 꿈꾸고, 이루고 싶은 목표도 커진다.

더 넓은 세상을 보지 못하면 사람은 늘 자신만의 좁은 감옥에 갇히게 된다. 그런데 이 감옥에 오래 머문 사람들은 종종 착각한다. 감옥 안에서 느끼는 소소한 행복과 만족 때문에 자신이 갇혀 있다는 사실 조차 잊어버리는 것이다. 미국의 한 작가는 이를 정확히 꿰뚫는 말을 남겼다.

"아무리 아름다운 경험과 좋은 추억으로 가득 찬 감옥이라 해도, 그 곳은 여전히 감옥일 뿐이다."

사실, 과거의 내가 그러했다. 매달 안정적으로 들어오는 월급이 손에 쥐어지니, 나는 그곳에서 만족하며 살았다. 소소한 즐거움에 행복을 느끼고, 안락함에 길들어 있었다. 그렇게 살다 보면, 그곳이 감옥인지조차 모르고 살아가게 된다. 결국 자신이 거지처럼 사고하고 살아간다는 점조차 알아채지 못한 채, 거지 같은 방식을 고수하며 하루하루를 보내게 된다.

나름 나쁘지 않은 인생

사실 나는 학창 시절까지는 큰 걱정이나 간절함 없이 살아왔다. 가정 형편이 넉넉하지는 않았지만, 부모님은 항상 나를 위해 최선을 다해 주셨다. 부모님이 감당해야 했던 고통과 어려움을 모른 채 어린 시절을 보낸 나는, 나름 평온한 환경에서 자랐다. 그런데 고등학교 2학년 때, 이 모든 상황이 완전히 뒤바뀌는 일이 생겼다. 부모님께서 내가 다니던 학교에서 멀리 떨어진 곳으로 이사 가기로 결정하신 것이다.

그 소식을 들었을 때, 나는 자취를 하고 싶었다. 만약 이사를 가면 하루에 무려 1시간 반씩 버스를 타고 등하교를 해야 했고, 그 동네에는 아는 친구조차 없었다. 하지만 부모님은 자취를 완강히 반대하셨다. 그럼에도 불구하고, 이사 가는 것이 죽기보다 싫었던 나는 몇 달간 부모님과 끈질긴 '투쟁'을 벌였다. 결국, 부모님은 자취를 허락하셨지만, 조건이 있었다. 모든 생활비를 내가 혼자 책임져야 한다는 것이었다.

그때 오히려 독기가 생겼다. 부모님께 나 혼자서도 잘 살아갈 수 있다는 것을 보여주고 싶었기 때문이다. 지금 생각해보면 참 무모했다 싶지만 당시의 나는 자신감과 독기를 안고 거친 사회생활에 첫발을 내디뎠다. 가장 빠르고 쉽게 돈을 벌 수 있는 방법은 오토바이 배달이었다. 18살 생일이 지나자마자 오토바이 면허증을 따고, 바로 다음 날부터 치킨 배달 아르바이트를 시작했다.

당시 일반적인 아르바이트의 시급이 4천 원 정도였던 반면, 치킨 배달은 무려 시급 7천 원을 받을 수 있었다. 위험한 오토바이를 타는 일이니만큼 생명 수당이 포함된 임금이라는 것은 알고 있었다. 그러나 실제로 일을 하면서 그 위험이 상상 이상이라는 것을 깨달았다. 생사의 기로를 넘나드는 오토바이 사고를 여러 번 경험했고, 넘어지고 쓸려서 아스팔트에 몸이 긁히는 찰과상을 입는 일도 잦았다. 그럼에도 불구하고, 내 생활을 내가 꾸려 나가며 친구들과 어울릴 수 있다는 사실만으로도 나는 행복했고, 자유로움을 느꼈다.

몇 개월 후, 최저 시급이 인상되면서 내 시급은 8천 원으로 올랐다. 같은 일을 하고, 같은 위험을 감수하면서도 1,000원이 더 오른다는 사실이 신기하기도 하고 반갑기도 했다. 한 달에 약 180만 원을 벌 수 있었으니, 당시의 나로서는 나쁘지 않은 생활이었다.

다시, 되살아난 독기

고등학교를 졸업하고 군대에 다녀온 뒤에는 더 이상 위험한 일을 하고 싶지 않아서 일식집에서 알바를 이어 나갔다. 낮 12시에 출근해서 저녁 9시에 끝나는데 한 달에 160만 원을 받을 수 있었다. 버는 돈은 20만 원 정도 줄었지만 위험한 오토바이를 타는 '도로 위의 인생'이 아닌 보다 안전한 '상가 안의 인생'도 나름 만족스러웠다. 그런데 허드렛일만 하다 보니 자연스럽게 주방에서 요리사가 하는 일이 부러웠다. 나도 회를 썰고 싶었고, 요리도 만들어 보고 싶었다. 하지만 아무나 주방으로 들이지는 않았다. 결국 나는 사정을 해서 오전에 무급으로 2시간 일찍 나와서 일을 배우면서 매일 11시간을 식당에 머물렀다.

일은 생각보다 빨리 배웠고, 내가 성장하는 것 같아 그것으로 인해 나름 자존감도 올라갔다. 그런데 그때부터는 사회생활의 어려움이 시작됐다. 점장은 자신은 일을 하지 않으면서 은근슬쩍 나에게 많은 일을 미뤘고, 주변에서는 나를 시샘하며 괜한 꼬투리를 잡으면서 좋지 않은 이야기를 퍼뜨렸다. 한마디로 더러워서 못 해 먹을 지경까지 갔다.

이후에는 한동안 남들 눈치 볼 필요가 없는 노가다가 낫겠다 싶었다. 그런데 이 일도 결코 만만치 않았다. 첫날 노가다를 한 후에 목에서부터 종아리까지 전신에 파스를 붙이지 않을 수 없었다. 그래도 하루 일당이 식당보다는 훨씬 나았기 때문에 그나마 조금은 더 두둑해진 지갑이 됐다. 하지만 몸과 체력에 미치는 데미지는 감당할 수 없을 정도였다.

결국 이제는 좀 제대로 된 직장 생활을 해보자는 생각에 삼성전자의 하청업체인 중소기업에 입사했다. 그런데 기대보다 행복감은 더 많이 치솟았다. 출퇴근 시간 확실하지, 아침, 점심, 저녁밥 다 주지, 6개월에 한 번씩 상여금도 주니까 그달에는 월급이 300만 원이나 되는 계산이었다.

그때 드는 생각은 이랬다.

'아, 이거 대박. 이제 여기에서 꽤 오래 안정적으로 일해도 되겠다!'

160만 원 벌던 식당 종업원이 상여금 받는 달이면 300만 원 버는 직장인이 되었으니 신분 상승이라고나 해야 할까?

그러나 그 행복감은 그리 오래가지 않았다. 처음 몇 주는 즐겁게 일을 했지만, 점점 시간이 흐르면서 단순 반복 작업이 사람을 얼마나 피폐하게 만드는지를 깨달았다. 아무 생각 없이 손과 발을 움직이는 좀비가 되어야 했기 때문이다. 치킨과 피자 배달이야 위험하기도 하고 버는 돈도 적지만, 그래도 도로를 누비며 스피드를 즐기는 맛이라도 있지.

그제야 나는 내 삶을 되돌아봤다. 혼자 살아가겠다는 독기로 배달, 노가다, 일식집, 노동자... 나름 열심히 살고 있다고 생각하고 있었지만 현실은 우물 안의 개구리였고, 여전히 나는 사회의 밑바닥에서 빚으로 살아가야 하는 처지였다. 그러다 보니 나의 몸은 망가졌고, 결국 또 새로운 직업을 찾아야 했다.

어느 날 SNS를 보고 있는데 나와 한 살 차이밖에 나지 않는 형이 외제 차를 타고 있었다. 부러웠고 관심이 갔다. 문득 이 형이 보험 일을 하고 있다는 말을 들은 기억이 났다. 마침 치통 때문에 고생 중이어서 치아 보험을 생각하던 중이라 바로 연락을 하고 만나서 치아 보험에 관해 이야기를 나누었다. 벤츠 E 클래스를 타고 오는 형을 직접 눈으로 봤을 때 도대체 돈을 얼마나 번다는 건지, 보이는 모습에 무리하는 건 아닌가 하는 생각이 들었다. 하지만 또 한 편으론 아무리 돈을 끌어 쓴다고 하더라도 감당을 할 수 있으니까 하는 거 아닌가 하는 생각도 들었다. 누군가가 얼마나 돈을 벌고 무슨 차를 타고 다니는가를 두고 심정이 그렇게 복잡해진 것은 처음이었던 것 같다.

보험 상담이 끝난 뒤 부러운 마음에 형에게 물어봤다.

"근데 형, 나 같은 20대도 보험 일을 하면 잘할 수 있어?"

사실 물어보기 전부터 약간의 자신감은 있었다. 어차피 보험이라는 게 사람 대하는 일이 아닌가. 특전사 간부 출신이신 아버님의 밥상머리 교육 덕분에 예의범절이라면 어려서부터 몸에 익었고, 성격도 밝고 활발하며 사람과 어울리는 것도 좋아하기 때문에 어렴풋이나마 '나도 잘할 수 있지 않을까?'라는 생각이 들었다. 이런 내 생각을 형에게 전했더니 형은 잠시 생각하더니 내가 보험 일과 잘 맞을 것 같다는 긍정적인 대답을 해주었다. 사실 진짜 궁금했던 것은 한 달에 얼마를 벌 수 있느냐였다. 형이 열심히 하면 400~500만 원은 벌 수 있다고 하자, 나는 눈이 번쩍 뜨였다.

"그러면 형, 하나만 더 물어볼게. 제일 잘하는 사람은 한 달에 얼마나 벌어?"

"어, 뭐 한 1,000만 원?"

그 말을 듣는 순간, 내가 가야 할 길이 선명해졌다는 느낌이 들었

26   PART 1

다. 그리고 그제야 그 형이 벤츠를 탈 수 있는 이유를 알게 됐다. 한 달에 180만 원, 많아야 6개월에 한 번 300만 원을 버는 나에게 매달 1,000만 원을 번다는 것은 말 그대로 '판타지의 세상'이었다.

미팅을 끝내고 다시 차를 타고 떠나는 그 형의 모습은 간절하게 되고 싶은 내 미래의 모습이었다.

인생 처음으로 만난 '변화의 불꽃'

어쩌면 내가 너무 단순했는지도 모른다. 인생과 일에 대한 본질적인 고민보다는 한 달 1,000만 원이라는 돈과 벤츠라는 차에 매료되었기 때문이다. 하지만 그래도 하고 싶었다. 돈에 대한 결핍이 너무나도 컸고, 다시는 몸을 다치면서까지 일해야 하는 배달이나 노가다, 혹은 정신마저 피폐해지는 단순 작업의 노동자로 돌아가고 싶지 않았기 때문이다. 그때 나는 처음 자취 생활을 시작할 때의 독기를 또 한 번 느꼈다.

일단 하게 된다면 정말로 죽을 각오로 하고 싶었고 내 이름 '노원명'을 걸고 하는 것이기 때문에 누구에게도 폐를 끼치지 않고 일하고 싶었다. 나 역시 보험에 대해서 아주 썩 긍정적인 인식을 가진 것은 아니었기 때문에 기존의 보험에 대한 인식을 박살 내고 싶기도 했다. '노원명이 하면 이렇게 하는 거야!'라고 각인시켜 주고 싶었다. 만약 내가 누군가와 계약을 하고, 그 사람이 진심으로 '감사합니다'라고 말해 준다면 인생에서 그보다 짜릿한 도파민도 없을 것 같았다.

그때 처음으로 내가 이제까지 해왔던 생각의 감옥을 부수고 나왔고, 거지의 인생에서 박차고 나왔다. 치킨 배달을 할 때는 '180만 원으로 행복한 나'였고 횟집에서 일할 때는 '160만 원으로 행복한 나'였다. 중소기업에 다닐 때는 '6개월에 한 번 받는 300만 원으로 행복한 나'였다. 하지만 내 시야는 딱 거기까지였다. 20대의 내 나이에 내 노력에 따라 한 달 500만 원, 1,000만 원의 세상을 바라볼 수 있는 시야가 없었던 것이다.

나는 그때 처음 깨달았다. '아, 내가 이제까지 알고 있었던 것, 내가 보던 세상을 부정해야 더 큰 꿈을 도전할 수 있구나!'라는 것을 말이다. 내가 나의 시야에만 갇혀 있으면 늘 나의 키 높이에서만 길거리를 바라볼 뿐, 산에서 보는 시야를 가질 수 없음을 느꼈다. 그 형과의 만남은 내 인생에서 처음으로 '변화의 불꽃'을 만난 순간이었다.

어떤 사람들은 이렇게 이야기할 수도 있을 것이다.

"야, 뭐 사는 게 다 거기서 거기지 뭐."

"20대에 벤츠를 타고 다닌다고? 아마 매달 차 할부금 내느라 개고생할걸?"

"매달 수익이 천만 원? 뭐 한두 번은 해봤겠지만 정말 매달 그러겠냐?"

나는 이런 사람들에게 정말로 자신이 갇혀 있는 그 감옥에서 벗어나라고 말하고 싶다. 자신만 아는 세상에 갇혀 있지 말고, 더 크고 넓은 세상이 있으니 의심하지 말고 새로운 세상으로 뛰어들라고 말이다.

 가슴에 새길 TIP

- 생각의 감옥을 부수지 않으면 자신이 누구인지도 모른 채 인생의 감옥 안에서 살아가게 된다.
- 자신과 비슷하게 사는 사람을 보고 위안을 느끼지 말고, 초격차로 살아가는 사람을 보며 의지를 다져라.
- 망설이는 시간 동안, 부정적인 생각만 늘어갈 뿐이다
- 자신을 부정하지 않는 이상, 더 크고 위대한 나를 만날 수 없다.

지금 결단하고
천천히 완벽해져라

"백만장자들은 빠르고 자신감 있게 결정을 내리고 필요할 때 천천히 결정을 바꾼다. 이런 사람들은 자신이 원하는 것이 뭔지 알고 있고 일반적으로 그것을 얻는다."
- 나폴레온 힐(작가) -

성공하는 사람과 성공하지 못하는 사람 사이에는 매우 큰 차이가 있다. 그것은 바로 결단력이다. 세상의 모든 사람은 더 나은 상태를 원하고, 더 행복해지기를 꿈꾼다. 하지만 이 꿈과 바람을 실현하기 위해 구체적인 행동으로 옮길 결단을 내리는 사람은 많지 않다. 대부분은 결단을 내리지 못한 채 머뭇거리거나, 꿈을 꾸는 것으로 만족하며 그저 현상 유지에 머문다. 그래서 나는 무언가 결단을 내리고 실행에 옮길 수 있는 사람이라면 이미 상위 10%에 해당한다고 믿는다. 왜냐하면 나머지 90%의 사람들은 그저 생각만 할 뿐 행동하지 않으며, 그중 50%는 무엇을 해야 할지 알면서도 실행하지 않기 때문이다.

처음에는 이렇게 결단하지 못하는 사람들을 보면서 참으로 의아했다. 왜냐하면 나에게 결단은 지금의 자리에 올 수 있게 해준 매우 중요한 도약대였기 때문이다. 매달 일정한 월급이 나오는 직장을 그만두는 결단을 내렸고, 어머니의 반대에도 불구하고 과감하게 영업을 선택하는 결단을 내렸다. 그래서 나에게 결단이란 이제까지의 좋지 않은 상황을 단번에 내려놓고 완전히 다른 국면으로 전환할 수 있는 좋은 기회가 되어주었다.

하지만 세상에는 뻔히 보이는 앞길조차 결단하지 못하는 사람들이 많다. 처음에는 '왜 저렇게 머뭇거릴까? 나처럼 결단을 내리면 될 텐데'라는 생각을 하곤 했다. 하지만 이제는 그 이유를 알고 있다. 결단하지 못하는 이유는 실패에 대한 두려움 때문이며, 또 한편으로는 실패 없이 성공하고 싶어하는 욕심 때문이다.

성공으로 가는 신박한 방법은 없다

가끔 나에게 영업 노하우를 물어보는 친구들이 있다. 그래도 친구가 진지하게 물어보니 나도 나름대로 시간을 들여 정리해서 차근차근 설명해 준다. 그런데 꼭 이렇게 되묻는 친구들이 있다.

"아, 그거 나도 들어봤는데… 뭐 좀 더 신박한 거 없냐?"

그러면 나는 다시 물어본다.

"들어만 보면 뭐하냐? 실제로 해봤어?"

이때 많은 친구들은 대답 대신 얼버무리기 시작한다. 조금 해봤다는 녀석, 아직 안 해봤다는 녀석, 자신과 맞지 않을 것 같아서 시도조차 안 해봤다는 녀석 등 다양하다. 그 어떤 대답이든 결론은 하나다. 해보지도 않고 머리로만 판단하고, 앞으로도 해볼 생각이 없다는 점이다. 그러면서 늘 '신박한 것'만 찾고 있는 중이다. 그런 친구들에게는 어떤 신박한 영업 방법을 알려줘도 결국 이렇게 말할 것이다.

"아, 그거 들어는 봤어. 그런데 나랑 안 맞아서 해보지는 않았어."

성공은 그 방법이 얼마나 신박하냐, 혹은 신박하지 않느냐에 달려 있지 않다. 오히려 '얼마나 간절하게, 죽을 만큼이나 그것에 매달려 봤느냐'가 성패를 가른다. 정말 신박한 방법이 성공을 보장해준다면 세상에 성공하지 못할 사람은 없을 것이다.

사람들이 늘 신박한 방법만을 찾는 이유는 간단하다. 자신의 모든 것을 내던져 결단하고 실행할 용기가 없기 때문이다. 실패에 대한 두려움이 너무 크고, 더 나아가 실패 없이 성공하고 싶다는 욕심이 가득하기 때문이다. 이러한 태도는 새로운 도전을 막는 가장 큰 장애물이다.

무언가를 결단하고 앞으로 나아가는 것은 누구에게나 쉽지 않다. 처음에는 상당한 불안감이 몰려오기 마련이다. 지금의 안정적인 발판이 흔들리는 듯한 느낌과 혼란스러움, 애매모호한 감정이 복합적으로 다가온다. 이런 감정을 극복하지 못하면 결국 제자리걸음만 하게 된다.

우물 안의 개구리가 더 넓은 세상으로 뛰쳐나가지 못하는 이유도 이와 같다. 개구리에게 우물은 익숙하고 안정적인 공간이다. 우물을 벗어나면 어떤 위험이 기다릴지 알 수 없기에 익숙함을 떠나는 것이 두렵다. 그러나 우물 안에 갇혀 있으면 평생 세상의 넓이를 경험하지 못한 채 그저 작은 공간에서만 머물게 된다. 한 독일 철학자는 이런 말을 남겼다.

"용기를 내면 안정된 발판을 잠시 동안 잃는다. 그러나 용기를 내지 않으면 자기 자신을 잃는다."

개구리는 우물 안에 살아도 상관없다. 하지만 현실 사회에서 살아가는 우리는 다르다. 결단하지 못하고 계속 '신박한 방법'만 찾는다면 인생의 중요한 시간들을 흘려보내게 될 것이다.

일이 망한 거지 인생이 망한 거는 아니다

그래서 나는 늘 '욕심과 용기는 비례해야 한다'고 말한다. 살면서 욕심을 내는 것이 잘못된 일은 아니다. 더 많이 벌고, 더 행복해지고, 더 수준 높은 삶을 살고 싶어 하는 욕심이 왜 죄가 되겠는가? 하지만 그 욕심을 이뤄낼 만한 용기를 내지 못하는 것은 죄라고 생각한다. 그것이야말로 '망상'이라고 여긴다. 더 많은 것을 얻으려면 더 큰 용기를 내야 하고, 더 큰 결단을 내려 원하는 곳으로 돌진해야만 한다. 그러나 용기를 내기 싫으면서 욕심만 부리기 때문에 결단하지 못하는 결과가 생기는 것이다.

결단을 내리지 못하는 또 하나의 이유는 손해를 보고 싶지 않기 때문이다. 무언가를 시도했다가 실패했을 때 이를 시간 낭비라고 여기는 것, 또는 주변에 자신이 하겠다고 말해 놓고 이뤄내지 못했을 때 사람들이 자신을 '루저'로 보는 것이 싫기 때문이다. 이런 사람들은 그 어떤 경우에도 손해를 보지 않아야 한다고 생각하며, 친구들 사이에서 늘 예쁘게 포장된 모습, 완벽한 모습만 보여야 한다고 믿는다. 나는 그런 사람들에게 이렇게 말해 주고 싶다.

"네 일이 망한 거지, 네 인생이 망한 건 아니지 않냐?"

세상에 처음부터 완벽하게 일을 시작하고, 아무 문제 없이 성공하는 사람은 단 한 명도 없다. 만약 그런 사람이 있다면, 그 사람이 거짓말을 하고 있거나, 아직 성공하지 못한 상태일 것이다. 그러니 손해 없이 성공하려고 하는 것은 욕심에 불과하다. 결단을 내리고, 실천하며, 시간을 두고 천천히 완벽해져 가는 것이 진정한 용기이며 변화의 과정이다.

사실 나 역시 처음 시작할 때 충분히 준비되지 않은 상태였다. 보험사에서 교육을 받고, 스스로 상품을 연구했다고는 하지만, 고객 미팅 현장에서 능숙하게 대화할 실력을 갖추기는 어려웠다. 하지만 그때 나는 이렇게 생각했다.

'일단 고객을 만나보자. 뭐라도 되겠지.'

그렇게 해서 한 명 한 명의 고객을 만나기 시작했다. 처참한 실패를 맛보았지만, 그것이 오히려 나를 더 몰입하게 만드는 기회가 되었다. 다시는 좌절스러운 감정을 느끼지 않기 위해, 나도 모르게 간절히 노력하기 시작했다. 거울 앞에서 혼자 대화를 연습하고, 발성 연습을 하며 대화의 톤과 표현을 다듬었다. 누군가 보면 마치 연기 지망생이 연기 연습을 하는 것처럼 보였을 것이다. 밤을 새우며 연습하고, 또다시 고객을 만나 실행하며, 하나라도 더 배우기 위해 최선을 다했다. 미팅 후에는 고객과의 대화 내용을 복기하고, 무엇을 잘못했는지 메모했다.

그러다 보니 정말로 변화가 시작되었다. 조금씩 나아지는 것이 보였고, 점차 성과가 생기기 시작했다. 고객과의 대화가 더 매끄러워졌고, 신뢰를 얻는 방법도 조금씩 깨달았다. 이런 작은 변화들이 모여 점차 큰 발전으로 이어졌다.

'완전한 실패'란 존재하지 않는다

나는 이 과정에서 '완전한 실패'라는 것은 없다는 깨달음을 얻었다. 우리는 흔히 누군가가 실패했다고 하면 그 사람이 그 실패에서 아무것도 얻지 못했을 것이라고 생각한다. 실패는 단순히 성공하지 못한 결과로 치부되곤 한다. 그러나 실패란 성공의 반대말이 아니라, 성공으로 가는 과정의 일부다. 실패를 겪는 순간에는 좌절감이 들 수 있지만, 그 과정에서 얻는 배움과 깨달음은 그 어떤 경험보다도 값지다.

거기다가 실패의 과정에서 자신에 대해 더 많이 알게 된다. 자신이 어떤 상황에서 약해지는지, 무엇이 부족한지를 철저히 파악할 수 있다. 또한, 실패를 통해 성공으로 나아가는 또 다른 길들을 발견하게 된다. 그 길은 평소에는 보이지 않지만, 실패라는 렌즈를 통해 새로운 가능성을 깨닫게 해준다. 그래서 실패는 단순히 불운한 사건이 아니라, 성공을 준비시키는 중요한 계단이라고 할 수 있다.

또한, 나는 성공이란 남들과 같아서는 절대로 얻을 수 없다는 사실을 깨달았다. 어떤 사람들은 종종 '남들이 이 정도 속도로 가니까 나도 이 정도 속도로만 가면 되겠지?'라는 생각을 한다. 하지만 이는 매우 어리석은 생각이다. 설령 남이 나와 비슷한 속도로 걷고 있다고 해도, 그 사람이 나보다 훨씬 더 오래 걸어왔기 때문에 이미 내실이 더 탄탄할 가능성이 높다. 겉보기에는 비슷해 보일지라도, 그 사람의 경험과 노하우는 당신과는 전혀 다를 수 있다.

따라서 남들과 차별화를 이루기 위해서는 그들이 걸어온 길보다 훨씬 더 빨리, 더 많이, 더 오래 뛰어야 한다. 단순히 그들과 비슷한 수준에서 멈춰서는 안 된다. 그들과 차별화된 성과를 내고 싶다면, 당신의 노력은 평범한 사람들의 기준을 훨씬 초과해야 한다.

결론적으로, 결단력이란 욕심을 부리지 않고, 실패에 대한 두려움을 떨쳐내며, 과거의 자신을 버리는 일이다. 새로운 길을 걷고자 한다면 기존의 길에서 벗어나야 하고, 새로운 일을 시작하려면 지금까지 해오던 일을 그만두어야 한다. 이렇게 이제까지의 낡은 나를 버리는 결단 없이는 결코 성공을 이룰 수 없다. '결단'이라는 말의 독일어 어원은 '떠난다'는 의미라고 한다.

과거의 나를 떠나고 버릴 수 없다면, 앞으로도 계속해서 그 과거의 나에 갇혀 살 뿐이다.

🗒️ **가슴에 새길 TIP**

- 결단은 삶의 국면을 전환하는 결정적 장면이다. 결단하지 않으면 다음 장면을 만날 수 없다.
- 실제 해보지도 않았으면서 '나랑 맞지 않다'는 착각을 하지 마라.
- 나를 간절하게 내던지는 과정에서 나는 점점 더 강해질 수 있다.
- 용기를 내지 못하겠다면 욕심도 부리지 마라.

자신에 대한 투자가
최고의 투자다

"당신의 성장에 돈, 시간, 노력을 아끼지 말라.
자신이 가장 가치 있는 자산이다."

- 톰 홉킨스(강연자, 작가) -

요즘은 젊은 사람 중에도 적지 않은 투자를 하는 사람들이 많다. 주식, 비트코인, 부동산 등에 투자하며, 모두들 이런 투자를 통해 가슴 한편에 희망의 불을 피워 놓고 살아간다. 그런데 이것들보다 더 좋은 투자처가 있다. 내가 말하는 투자처가 아니라, 세계 최고의 투자자라고 불리는 워런 버핏 회장이 말한 투자처다. 그는 이렇게 말했다.

"당신이 할 수 있는 최고의 투자는 당신 자신이다."

이 말은 단순한 조언을 넘어, 삶의 방향을 완전히 바꿀 수 있는 강력한 메시지다. 나 역시 이 말을 뼈저리게 느끼며 살았다. 벌어놓은 돈은 없고 빚만 있는 상태였지만, 나는 나 자신에게 투자하면서 인생이 완전히 바뀌는 경험을 할 수 있었다. 처음에는 막막했지만, 자신에 대한 투자란 결국 자신을 성장시키는 일이라는 사실을 깨달은 뒤로는 오히려 더 간절히 나 자신에게 집중할 수 있었다.

더 중요한 것은 자신에 대한 투자가 가진 독특한 성격이다. 대부분의 투자에는 항상 리스크가 존재한다. 예를 들어, 주식이나 비트코인은 시장 상황에 따라 큰 변동성이 있고, 부동산 역시 경기에 민감하다. 이런 투자들은 수익을 낼 수도 있지만, 실패할 위험도 크다. 하지만 자신에 대한 투자는 다르다. 이 투자는 절대로 실패하지 않고, 자신을 배신하지도 않는다. 내가 성장하고 발전하기 위해 투자한 시간과 노력은 반드시 내 안에 축적되고, 언젠가는 형태를 바꿔 성과로 나타난다. 그래서 이 투자는 세상에서 가장 안전한 투자이며, 가장 확실하게 수익을 가져다주는 투자라고 할 수 있다.

학습된 무기력을 끊어내는 최고의 방법

자기 자신에 대한 투자를 강조하며 워런 버핏이 하는 말이 있다. 그는 이렇게 묻는다.

"만약 당신에게 차가 하나 있고, 그 차만을 평생 타고 다닐 수 있다고 가정해 보라."

만약 정말로 이런 일이 있다면, 우리는 그 차를 어떻게 대할까? 아마도 작은 흠집 하나 생기지 않도록 노력할 것이며, 매일매일 가장 안전한 곳에 조심스럽게 주차할 것이다. 작은 부속품이라도 파손되면, 시간을 내고 돈을 들여 바로 교체할 것이다. 필요하다면 고급 연료를 넣는 등 가능한 모든 방법을 동원해 관리할 것이다.

그렇다면 이제 '나'라는 존재는 어떨까? 나는 평생 하나의 몸과 하나의 정신으로만 살아간다. 중간에 다른 사람의 몸이나 정신으로 교체하거나 새로 구입하는 일은 불가능하다. 그렇다면, 나의 몸과 정신을 어떻게 다루어야 할까? 차를 관리하는 것처럼 나 자신에게 투자하며, 가능한 한 나를 건강하고, 정교하고, 최대치의 능력을 발휘할 수 있도록 만들어야 하지 않을까?

이렇게 꾸준히 투자해 잘 만들어 놓으면 남은 평생 최고의 성능을 유지하며 살아갈 수 있다. 어떻게 보면, 자신에게 투자를 하지 않는 것 자체가 매우 어리석은 행동이라고 할 수 있다. 하지만 아이러니하게도 누군가에게 10만 원짜리 선물을 하며 생색을 내는 데는 아낌없으면서도, 정작 자신에게 투자하라는 말에는 지나치게 인색해지는 경향이 있다.

내가 처음 자신에 대한 투자의 중요성을 깨달은 것은 앞에서 언급했던 '메타인지'를 배웠을 때였다. 당시 내 통장에는 50만 원이 있었는데, 무려 30만 원을 유튜브 강의에 투자했다. 어떻게 보면 현실적으로는 해서는 안 될 투자였다. 하지만 그때 내 생각은 이랬다.

'30만 원이 있으나 없으나 무슨 상관이겠냐. 일단 뭐라도 배워서 영업에 활용하고, 그게 성공하면 30만 원 이상의 훨씬 큰 이익을 얻지 않겠어?'

그렇게 해서 수강료를 결제한 후 메타인지에 대해 공부하기 시작했다. 그런데 정말로 얼마 가지 않가 망치로 뒷통수를 얻어맞은 듯한 충격을 받았다. 이후 나는 내 삶의 수많은 영역에 이 메타인지를 적용하면서 서서히 변화하고 발전할 수 있었다.

그때 이후로 나는 사람들에게 수도 없이 이렇게 말한다.

"배운 사람과 배우지 않은 사람의 차이는 엄청나다. 그러니 빚을 내서라도 배워야 한다."

내가 이렇게 강조하는 이유는 배움이야말로 유일하게 '학습된 무기력'을 끊어낼 수 있는 방법이기 때문이다.

무지의 대가는 비싸다

심리학에서 말하는 학습된 무기력은 반복적으로 자신이 통제할 수 없는 상황에 처한 이후, 상황이 바뀌었음에도 불구하고 스스로 아무것도 하지 않으려는 상태를 말한다. 분명 자신에게 통제권이 있음에도 불구하고, 여전히 무기력에 빠져 있는 것이다.

가끔 경제 뉴스를 보면 일을 할 수 있는 나이임에도 불구하고 더 이상 일을 찾지 않고 '그냥 쉬었음'이라고 답했다는 사람이 적지 않다는 내용을 접할 수 있다. 우리나라에서만 무려 230만 명이 넘는다고 하니 정말로 엄청난 수치다. 이런 사람들이 바로 학습된 무기력에 빠진 사람들이다. 여러 번 취업을 시도했지만 계속 실패하면서, 결국 '앞으로도 안 될 거야'라고 생각하며 도전 자체를 포기한 것이다.

사실, 취업뿐만 아니라 많은 사람이 삶의 다양한 영역에서 이러한 학습된 무기력에 빠져 있다. 이러한 무기력에서 벗어날 수 있는 가장 강력한 방법이 바로 배움이자 공부이며, 이를 위해서는 반드시 자신에게 투자를 해야 한다.

세상을 살다 보면 의사 집안에서 의사가 많이 나오고, 판사 집안에서 판사가 많이 나온다. 작가의 경우도 마찬가지다. 노벨 문학상을 받은 한강 작가의 아버지 역시 유명한 소설가였다고 한다. 왜 이런 일이 발생할까? 나는 그것이 어려서부터 시작된 끊임없는 배움 때문이라고 생각한다.

한번 성공의 길을 걸어간 부모들은 자녀들이 어떻게 해야 성공할지를 누구보다 잘 알고 있다. 그래서 밥을 먹을 때나 놀러 갈 때에도 무의식중에 배움을 전수하게 된다. 자녀들은 이러한 배움을 내재화하며 성장한다. 비록 그 배움의 진정한 의미는 모를지라도, 어떻게 행동하고 실천해야 하는지를 자연스럽게 알게 된다. 이렇게 배움을 이어받은 자녀들은 자연스럽게 판사, 의사, 작가가 된다. 배움이란 이토록 강력한 것이다. 그런데 성공으로 향하는 길에서 배움에 대한 자기 투자를 하지 않는다면 그냥 성공하지 않겠다는 의미와 다르지 않다.

무엇보다 우리는 학교에서 성공이라는 것을 배우지 못했다. 수학, 영어, 과학은 배웠지만, 성공에 관한 교과목은 없었다. 한 번도 배우지 못한 것을 이루려면 어떻게 해야 할까? 당연히 배워야 하고, 이를 위해서는 돈과 시간의 투자가 필수적이다.

게다가 우리는 살아가면서 가끔씩 정신적인 바이러스에 감염된다. 실제 질병이 아니라, 주변 환경에서 잘못 주입된 정신적 바이러스를 말한다. 친구의 나쁜 습관에 무의식적으로 젖어들거나, 편견 어린 대화를 자신의 생각인 양 받아들이면서 정신이 오염되기도 한다. 이런 일이 잦아지면 결국 내 사고는 악성 코드로 가득 차게 된다.

컴퓨터에 악성 코드가 너무 많이 심겨 있으면 어떻게 될까? 이때는 과감히 포맷을 하고 새로 운영체제와 프로그램을 깔아야 한다. 배움도 바로 이런 역할을 한다. 지금까지 내 머릿속에 담겨 있던 삶에 대한 오해와 착각, 불신, '또 해봐야 무슨 소용 있어?'라는 학습된 무기력을 완전히 포맷해야 한다. 이를 위한 최고의 방법이 바로 배움이다.

배움에 투자하지 않은 무지의 대가는 매우 크다. 이는 자신뿐만 아니라 자녀에게까지 영향을 미칠 수 있다. 무지가 한번 뿌리를 내리면, 삶이 지속되는 한 끊임없이 발목을 잡을 수 있다는 사실을 잊어서는 안 된다.

가슴에 새길 TIP

- 나의 과거가 나에게 학습된 무기력을 안기지 않았는지 되돌아봐야 한다.
- 자신에게 투자하지 않는 것은 성공하고 싶지 않다는 의미와 다르지 않다.
- 내 생각의 운영체제와 프로그램을 바꾸는 것, 그것이 바로 배움이다.
- 이제까지 배운 것으로만 살아가기에 세상은 너무도 빠르게 변한다.

투자의 최종 목표는 건강한 에너지다

자신에 대한 투자는 외모와 지식에 대한 투자가 상당수를 이루고 있지만, 최종적으로는 '건강한 에너지'를 만들기 위한 목표라고 생각해 보면, 좀 더 나은 자기 투자의 방법을 알 수 있다.

건강한 에너지는 우선 '느낌'에서 드러난다. 특별한 이유는 잘 모르겠지만, 왠지 호감이 가는 사람, 혹은 정신적으로 매우 건강한 사람이라는 느낌이 드는 사람이 있다. 그것은 마치 특별한 '아우라'와 비슷하다.

보통 연예인들을 실제로 보면 이런 아우라가 느껴진다고는 하지만, 일반인들에게도 이런 아우라는 분명히 존재한다. 이런 사람이라면 왠지 신뢰가 가고, 함께 있는 시간도 그다지 지루하지 않으며, 더 많은 대화를 나눠 보고 싶어진다. 이런 아우라를 구성하는 요소는 너무나 많지만, 한 가지 중요한 점은, 없는 아우라를 억지로 만들어내는 방법은 없다는 것이다.

화장을 하면 얼굴이 더 밝아 보일 수 있고, 헤어스타일을 멋지게 하면 좀 더 세련된 느낌을 만들 수는 있다. 외적인 형태를 바꾸면 그에 따라 이미지도 바뀐다. 하지만 건강한 에너지, 혹은 아우라는 그런 식으로 해서 만들어질 수가 없다. 얼굴, 행동, 몸짓, 목소리, 표정 등에서 총체적으로 만들어지는 이런 건강한 에너지는 돈 몇 푼 투자한다고 생기는 것이 아니다.

따라서 가장 중요한 점은 평소에 좋은 생각, 올바른 생활 태도, 건전한 습관을 가져야 한다는 점이다. 정신을 맑게 하기 위한 노력도 해야 하고, 밝고 긍정적인 생각을 하기 위한 노력도 해야만 한다. 아무리 자신에게 많은 돈을 쏟아부어도 건강한 에너지와 아우라가 만들어지지 않는다면, 이는 성공적이지 못한 투자라는 점을 명심하자.

불광불급,
미치지 않으면 도달할 수 없다 ✦

"평범하지 않은 것을 시도할 용기가 없다면, 평범한 것에 만족해야 한다"
- 짐 론(동기부여 연설가) -

내가 제일 좋아하는 말 중의 하나가 불광불급(不狂不及)이다. '미치지 않으면 도달할 수 없다'는 의미이다. 정말 이제까지 나의 시간을 되돌아보면 불광불급 그 자체였다. 내가 원하는 특정한 수준에 다다르기까지 미친 듯이 노력해온 과정이었다고 생각한다.

나중에 알게 된 것이지만, 이것이 바로 심리학에서 연구 대상이기도 했던 '몰입'이라고 하는 것이었다. 놀라운 집중력과 최고의 수행력을 통해서 작업 효율이 극대화되고, 창의적이거나 복잡한 문제를 해결할 때 그 위력을 발휘한다고 한다. 결국 지금까지 나의 성과는 이러한 불광불급이라는 몰입이 만들어낸 결과라고 해도 과언이 아닐 것이다.

그런데 이러한 불광불급은 단순한 의지나 열정의 문제만은 아니다. 그 이전에 삶에 대한 태도와 관련이 있다고 생각한다. 남들의 말을 고분고분 따르고 시키는 대로 하는 것만으로는 미친 듯이 몰입하기 힘들다. 실패하더라도 자신만의 방법을 끊임없이 시도해볼 수 있는 자세가 있어야 하고, 상처나 피해를 입더라도 이를 감수하고 전진할 수 있어야만 한다.

자기 머리로 생각하지 않는 사람들

사실 나는 어렸을 때부터 학교에서 시키는 대로 하지 않는 청개구리 같은 학생이었다. 일단 공부 자체에도 그리 관심이 많지 않았고, 선생님이 학생들에게 일방적으로 지시하면 오히려 선생님과 협상을 하려는 건방진 학생이기도 했다. 이후에 알바를 하면서도 마찬가지였다. 나이 많은 선배들이 이렇게 하라거나 저렇게 하라고 말할 때도 별로 잘 따르지 않았다. 항상 뭔가 좀 삐딱하게 생각하고 고분고분하지 않았다.

그런데 이런 모습이 누군가에게는 대견해 보일 수도 있겠지만, 또 누군가에게는 참 귀찮고 기분 나쁘게 보일 수도 있다. '지가 뭔데 자꾸 나대는 거야'라고 생각할 수도 있고, '거 참, 시키면 좀 시키는 대로 하지'라고 잔소리를 할 수도 있다. 사실 지금의 나도 마찬가지다. 내가 속한 어떤 조직에서는 나를 고깝게 보기도 하고, 나는 미운오리새끼 같은 존재이기도 하다. 조직이 정해놓은 규칙을 순순히 받아들이지 않으려고 하기 때문이다.

어릴 때는 나의 이런 성격이 좀 유별나고 얌전하지 못하다는 평가를 받기도 했지만, 지금 보면 꼭 그런 것 같지도 않다. 그저 남들이 시키면 시키는 대로 한다는 것은 어떤 면에서는 자기 머리로 주체적으로 무엇인가를 생각하고 시도해보지 않는다는 의미이기도 하기 때문이다.

설계사 중에서도 이런 얌전한 사람들이 적지 않다. 다른 사람이 말하는 것을 있는 그대로 전부 믿어버리고, 다른 사람들이 시키는 것만 따라 한다. 기존의 고리타분한 영업 방식이 고객에게 잘 먹히지 않거나 성과가 없으면 자기 머리로 생각해봐야 하는데, 그런 사람들이 많지 않다.

그런데 이렇게 얌전하기만 하면 그나마 다행이지만, 또 한편에서는 자신의 상처와 고통에 지나치게 예민한 사람들도 있다. 어린 시절에 뭔가 대단한 트라우마라도 있었으면 모르겠지만, 그런 것도 없으면서 자신이 지나치게 힘든 생활을 하고 너무 많은 고통을 겪는다고 생각한다. 조금이라고 부정적인 것이 있으면 아예 시도조차 하지 않으려고 하고, 조금이라도 피해를 입는 상황에 처하면 '소중한 나가 훼손된다'는 듯 거부하기도 한다. 내가 너무 거칠게 살아와서 그런지는 모르겠지만, 이런 사람들을 보면 오히려 내가 뻘쭘해지고 민망해진다.

미친 사람이 안전하겠는가?

불광불급은 정신적 몰입 상태임과 동시에 남들이 생각하지 않는 자신만의 방법을 집요하고 끝까지 추구한다는 의미이기도 하다. 여기에서 '자신만의 방법'이 정말 중요한 이유는 그래야만 재미가 있기 때문이다. 어릴 때 아이들이 노는 모습을 생각해보자. 어른들이 시키는 대로만 노는 아이는 과연 재미를 느낄 수 있을까? 그건 재미있는 놀이가 아닌 지루한 수행일 뿐이다. 반면에 아무런 규칙도 없고 부모들의 지시도 없을 때 아이들은 너무도 신나게 웃고 떠들고 재미를 느낀다. 즉, '자신만의 방법'으로 무엇인가를 했을 때 진짜로 미친 듯이 몰입할 수 있다는 이야기다.

세계적인 영화감독인 봉준호 감독이 《기생충》으로 아카데미 시상식에서 감독상을 받을 때 이런 이야기를 한 적이 있다.

"어렸을 때 항상 가슴에 새겼던 말이 있었는데, '가장 개인적인 것이 가장 창의적인 것이다'라는 말이었습니다."

자신만의 방법은 가장 개인적이고, 이럴 때 진짜 창의적으로 변하면서 흥미와 재미를 느끼게 되고 이렇게 되면 비로소 '집요하고 끝까지' 추구할 수 있게 된다. '해야 되니까 하는 것'이 아니라 '나도 모르고 재미를 느끼게 하는 상태'가 될 수 있다. 그러니 반대로 얌전하고 고분고분하게 누군가가 시키면 시키는 대로만 하는 사람은 불광불급의 근처에도 가기 힘들다.

특히 중요한 것은 이러한 불광불급의 과정에서 실패와 상처는 너무도 당연하다는 점이다. 뭔가에 미친다는 것은 사실 정상적이지 않다는 의미이다. 정상적이지 않다면 위험하기도 하고, 피해를 볼 일도 당연히 많아진다. 그런데 이러한 위험도 감수하지 않고 피해도 보려고 하지 않으니 당연히 불광불급이 되기 어렵다.

하지만 그렇다고 애초에 성격이 얌전하고 고분고분하고 상처에 예민한 사람이라고 해서 아예 불광불급을 할 수 없다는 의미는 아니다. 그것은 진짜로 미쳐서 미치는 것이 아니라 일단은 '미친 척'부터 해보라는 것이다. 이것은 가짜를 흉내 내라는 의미가 아니고 허위 의식을 가지라는 의미도 아니다. 강력한 자기암시를 통해 마음속의 긍정적인 면을 부각하고, '나는 미쳤다'라고 스스로 인식한다는 의미이다. 이것은 실제로 이뤄내는 강력한 힘을 가지고 있다. 이건 과학적으로도 증명되고 있다.

플라시보 효과의 과학

'플라시보 효과'라는 말을 들어본 적이 있는가? 의사가 환자에게 가짜 약을 주면서 "정말 효과가 좋은 약입니다"라고 말하면 정말로 병세가 호전된다고 한다. 과연 이런 일이 있을 수 있는가 의심스럽겠지만 '효과가 좋은 약'이라는 말을 듣는 순간, 뇌가 반응하고 통증이 줄어드는 결과가 나타난다고 한다. 심지어는 가짜 약이라는 사실을 알고 먹어도 이러한 효과가 비슷하게 난다는 연구 결과도 있다고 한다. 이것은 가짜 약이 진짜 약인 '척하기'이다.

우리의 행동의 원리에도 이러한 원리가 고스란히 적용된다. 자신감이 없지만 자신감이 있는 척하면 조금씩 자신감이 생기고, 자신이 그리 품격 있는 인간이 아니라고 하더라도 품격 있는 척을 하면 품격이 생겨난다.

미치지 않았다면 미친 척이라도 해야 하는 이유가 바로 여기에 있다. 완벽하게 몰입하지 못했더라도 그런 척하면 정말로 조금씩 몰입이 이루어진다. 그리고 이 과정에서 매우 신기한 일이 발생한다. 바로 조금씩 보상이 이루어지면서 점점 몰입이 재미있어지는 단계가 만들어진다는 것이다. 예를 들어 미친 척을 했던 지난 일주일의 몰입은 그만큼의 보상을 만들어내고, 이것을 느끼는 사람은 '아, 이렇게도 되는구나!'라고 느끼면서 조금 더 미친 척을 하게 된다. 그리고 또 다른 미친 척이 더 강한 미친 척과 더 나은 보상을 만들어낸다. 이런 과정이 반복되면 그때부터는 더 이상 척이 아닌 진짜로 미친 상태에 돌입하게 되고, 그 결과 미친 성과와 결과물이 돌아오게 된다.

어떻게 보면 무엇인가에 미치는 과정은 쉽지는 않다. 그러나 미치지 않고서는 아무것도 해낼 수 없다. 그러기 위해서는 '나만의 방법', '가장 개인적인 것'을 찾아내고 미친 척을 하는 일부터 시작해보자.

 가슴에 새길 TIP

• 얌전하고 고분고분하다는 것은, 다른 말로 생각하기 싫어한다는 의미이기도 하다.
• 상처와 고통 없이 성장한다는 것은 어불성설에 불과하다.
• 많은 스포츠 선수들이 승리 비결의 하나로 강력한 자기암시를 꼽기도 한다.
• '미친 척하기'는 평범한 나를 바꾸는 중요한 방법 중 하나이다.

희망 사항과 목표를
철저하게 구분하라

"무엇이든 할 수 있거나 꿈꿀 수 있다면, 시작하라.
대담함 속에 천재성과 힘과 마력이 있다."

- 괴테(문학가) -

누구에게나 간절히 원하는 것들이 있다. 그것은 다가올 미래에 이루고 싶은 직업일 수도 있고, 당장 이번 달에 더 많은 돈을 벌고 싶은 현실적인 목표일 수도 있다. 또 다른 사람에게는 다이어트를 통해 체중을 감량하는 것이 절실한 과제가 될 수도 있다. 그런데 문제는, 이러한 간절한 바람을 차근차근 이루어나가는 사람이 있는가 하면, 노력하는 듯 보이지만 매번 실패를 거듭하면서 제자리걸음을 걷는 사람도 있다는 점이다. 이는 단순히 성실함이나 능력의 차이가 아니라, 더 근본적인 원리에 의해 결정되는 경우가 많다. 특히 신기한 점은, 무엇인가를 한 번 해내는 사람은 이후에도 계속 해내는 반면, 그렇지 못한 사람은 매번 실패만 반복한다는 점이다.

여기에는 분명한 원리가 존재한다. 바로 '희망 사항'과 '목표'를 구분하는 것과 관련이 있다. 희망 사항과 목표는 모두 현재의 나에게는 없지만, 원하고 바라는 것이라는 공통점을 가지고 있어 겉보기에는 비슷하게 보일 수 있다. 그러나 이 둘 사이에는 생각보다 큰 간극이 존재한다. 특히 괴로움, 고통, 인내라는 차원에서 그렇고, 반복되는 실패를 이겨내야 한다는 차원에서도 그렇다.

1군 선수 선발에서 탈락했던 마이클 조던

농구의 황제라고 불리던 마이클 조던은 한때 고등학교 팀 선발에서 탈락한 적이 있었다. 1학년을 지나 2학년이 되면서 1군 선수가 되고 싶었지만, 키가 178cm로 그다지 크지 않았고 탁월한 실력을 보여주지도 못했다. 결국 학교 코치는 그의 동급생인 201cm의 리로이 스미스를 주전 선수로 발탁했다. 이에 조던은 희망이 물거품이 되는 듯했다. 만약 그가 거기에서 멈췄다면, 훗날 '농구의 황제'라는 타이틀은 없었을 것이다. 하지만 그는 그때부터 하나씩 '목표'를 세우기 시작했다. 자기 기술과 체력을 분석하며 단계적으로 발전시켰고, 매번 목표를 성취해 나갈 때마다 조금씩 성장했다. 물론 모든 목표가 다 성공했던 것은 아니다. 어떤 면에서 보면 그의 농구 경력은 끊임없는 실패의 연속이었다. 그는 훗날 이렇게 말했다.

"나는 내 경력에서 9,000번 이상의 슛을 놓쳤고, 거의 300번의 경기에서 졌다. 26번이나 결승 슛을 맡았지만 실패했다. 나는 계속해서 실패했다. 그래서 나는 성공할 수 있었다."

목표를 설정하고, 다가가려다 실패하며, 다시 목표에 도전하는 과정을 통해 마이클 조던은 위대한 선수가 될 수 있었던 것이다.

하지만 많은 사람이 미래의 막연한 희망 사항을 상상만 할 뿐, 구체적인 목표를 세우지 않는 경우가 많다. 목표를 세운다는 것은 자신을 되돌아보고, 특정한 지점을 목표로 설정하며, 그것을 달성하기 위한 구체적인 방법을 마련한다는 의미다. 반면 희망 사항은 이러한 과정 없이 단순히 '아, 나도 그렇게 되고 싶다'라는 상상에 그친다. 이 둘의 차이는 매우 작지만, 그 결과는 매우 크다.

예를 들어 다이어트를 원하는 두 사람이 있다고 가정해 보자. 한 사람은 지금보다 딱 10kg만 빠졌으면 좋겠다고 생각한다. 그러나 이 사람은 늘 여기에서 멈춘다. 언제까지나 희망하는 데 머무르는 것이다. 반면 또 다른 사람은 전혀 다르게 접근한다.

'10kg을 빼기 위해 이번 달에 2.5kg을 먼저 감량해 보자. 매 끼니 밥은 반 공기로 줄이고, 퇴근 후 매일 1시간씩 운동을 하자.'

이렇게 생각하는 사람은 희망 사항을 넘어 목표를 설정하고, 이를 실현하기 위한 구체적인 행동 계획을 만들어낸 것이다. 과연 이 두 사람 중 누가 더 확실하고 빠르게 10kg을 뺄 수 있을까? 당연히 후자이다. 그 사람의 머리에는 구체적인 행동 수칙이 자리 잡고 있으며, 가슴에는 목표를 이루고자 하는 강한 의지가 살아 있기 때문이다.

그는 매 끼니를 먹을 때마다 '반 공기만 먹자'라는 다짐이 떠오를 것이며, 퇴근 후에는 '오늘도 운동을 해야지'라는 결심을 되새길 것이다. 이런 태도는 실천 가능성을 높이고, 목표에 도달할 확률을 크게 높인다. 반면, 목표 없이 희망 사항만 품고 산다면? 사실 목표 없이 희망하는 것은 아무것도 하지 않겠다는 것의 또 다른 표현일 뿐이다.

이런 사람과 비슷한 친구 한 명이 있다. 그에게 "너는 한 달에 얼마를 벌고 싶어?"라고 물었더니, 그는 대뜸 "한 달에 천만 원"이라고 답했다. 문제는 그 친구의 직업이 공무원이라는 점이다. 아무리 직장에서 열심히 노력해도 월급은 호봉에 따라 오를 뿐이다. 그렇다고 직장 생활이 끝난 후 별도의 아르바이트를 뛰거나 사업적으로 투잡을 하는 것도 아니었다. 이런 친구에게 '한 달 천만 원'은 단순한 희망 사항일 뿐, 결코 실현 가능한 목표가 될 수 없다.

도전과 변화의 디폴트 값은 고통과 괴로움이다

희망 사항만 가지고 있는 사람과 목표를 실천하는 사람 사이에는 또 하나의 큰 차이가 있다. 바로 고통, 괴로움, 그리고 실패로 인한 자괴감과 상처이다. 아무것도 하지 않으면 아무 일도 생기지 않는다. 그러니까 희망만 품고 있는 사람은 아무것도 하지 않은 셈이고, 그러다 보면 당연히 고통이나 괴로움, 실패라는 것도 존재하지 않는다. 그저 하루하루가 평온할 뿐이다. 하지만 이런 평온함은 겉보기에는 안정적으로 보일지 몰라도, 그 자체로 정체를 의미하며, 삶의 변화를 기대하기 어렵다. 반면 목표를 설정하고 걸어가는 사람은 반드시 고통이나 괴로움을 겪게 마련이고, 계속해서 실패를 경험하기 때문에 자괴감도 느낄 수밖에 없다.

이는 사람이 변하기란 매우 어렵다는 사실에서 비롯된다. 우리의 모든 생각과 행동은 거의 대부분 습관화되어 있다. 이러한 습관은 뇌의 작용과 밀접한 관련이 있다. 뇌는 에너지를 최소화하려는 경향이 있어, 가능한 기존 상태를 유지하려 한다. 뇌 입장에서는 새로운 변화를 받아들이는 것이 불필요한 에너지 소비로 느껴지기 때문에, 기존 습관을 계속 유지하는 방향으로 신호를 보낸다. 예를 들어, 한 시간 일찍 자고 한 시간 일찍 일어나는 일이 겉보기에는 쉬운 변화처럼 보일지라도, 막상 실천해 보면 절대로 간단하지 않다. 이는 이미 몸과 생각이 기존의 생활 리듬에 최적화되어 있기 때문이다.

하다못해 수면 패턴을 바꾸는 것도 어려운 상황에서, 생각의 습관을 바꾸고 목표를 설정하며, 이전에 하지 않던 노력을 기울이는 일은 얼마나 어려운 일이겠는가? 따라서 기본적으로 모든 변화는 고통과 괴로움을 수반한다는 사실을 인식해야 한다. 변화를 꾀하고 목표를 향해 도전하는 사람이라면 반드시 이 과정을 거칠 수밖에 없다.

게다가 이런 고생을 하며 도전했음에도 실패할 수 있다는 것은 얼마나 억울한 일인가? 하지만 희망 사항을 넘어서 목표를 향해 나아가는 사람들은 그 과정에서 겪은 고통과 괴로움에 비할 수 없는 큰 성취와 영광을 얻는다. 예를 들어, 10kg을 감량해 멋진 몸매를 갖게 되거나 지금보다 몇 배 많은 월급을 벌게 되거나 자신이 살아가는 환경을 완전히 변화시키는 등, 삶의 질이 획기적으로 달라질 수 있다.

성공은 타고나는 것이 아니다

또한 승리한 경험은 앞으로의 목표 설정과 실천을 더 정교하고 능숙하게 만들며, 이런 경험이 반복될수록 목표 달성 과정은 점점 더 쉬워진다. 결국 이런 사람은 단순히 걷거나 뛰는 사람이 아니라, 마치 스케이트를 타고 쏜살같이 앞으로 달려가는 사람처럼 변할 수 있다. 세월이 흐를수록 희망 사항만 품었던 사람과는 질적으로 완전히 다른 삶을 살게 되는 것이다.

우리는 흔히 성공한 사람들을 보며 '정말 대단하다', '능력을 타고났나 봐'라고 생각하기도 한다. 하지만 실제로 그들이 얻은 성공은 저절로 이루어진 것이 아니다. 그들은 죽을 것 같은 고통과 괴로움을 견뎌내면서 실패를 반복하고, 끊임없이 도전해 온 사람들이다. 남들이 모르는 눈물을 수도 없이 흘리며, 끊임없이 자신을 변화시키려 노력한 결과다. 무엇보다 중요한 점은, 그들은 단순히 희망을 품고 상상만 한 것이 아니라, 구체적인 목표를 설정하고 그것을 실천하며 하나씩 이루어낸 사람들이라는 것이다.

만약 지금까지 원하는 것을 이루지 못했고, 매번 답답한 상황이 반복되고 있다고 느낀다면, 근본적으로 자신을 돌아볼 필요가 있다. 과연 희망 사항을 상상만 하며 머물러 있었는지, 아니면 구체적인 목표를 세우고 실천하면서 고통과 괴로움을 감수했는지 자신에게 물어보라. 이 질문에 대한 답을 찾는 과정에서, 자신의 현재 상태를 좀 더 분명히 이해할 수 있을 것이다. 나아가 희망 사항을 목표로 변화시키고 구체적인 실천 계획으로 이어간다면, 지금과는 전혀 다른 삶을 만들어 갈 수 있을 것이다.

가슴에 새길 TIP

- 목표가 있을 때 느끼는 괴로움과 고통은 성장하고 있다는 가장 확실한 징조다.
- 상상만 하는 사람과 실행하는 사람은 하늘과 땅 차이이다.
- 변화란 기본적으로 쉬운 일이 아니다. 그러나 그것을 해낼 때 진정한 발전이 이뤄진다.
- 성공한 모든 사람은 어둡고 긴 터널을 뚫고 나온 사람들이다.

자기암시,
게으른 사람의 엉덩이에
불을 붙이는 법

"나는 분위기가 조성되기를 기다리지 않는다. 그걸 기다리다가는 아무것도
이루지 못할 테니까. 지금이 시작할 때임을 마음이 알아야 한다."

- 펄 벅(소설가, 사회활동가) -

게으른 것이 싫으면서도 계속해서 게으름에 빠져 있는 사람들이 있
다. 누가 봐도 생각도 느리고, 행동도 느려서 늘 다른 사람보다 뒤처
지는 경우가 많다. 그런데 더 문제는 이 게으름이 잘 고쳐지지 않는다
는 점이다. 그 자신도 이런 문제를 잘 알고 있어서 몹시 괴로워하기도
한다. 나는 게으름 자체를 나쁘다고 보지는 않는다. 게으른 것도 어떻
게 활용하느냐에 따라서 오히려 장점으로 전환되기도 하기 때문이다.
매우 신중하게 판단하는 데에 도움이 될 수도 있고, 정신적 스트레스
를 완화하는 기회가 될 수도 있다. 나도 자신을 한때는 '게으른 완벽주
의자'라고 정의해본 적이 있다. 일을 할 때 여러 가지 방법을 번잡하게
활용하는 것이 귀찮아 많은 문제를 한꺼번에 해결하는 가장 효율적인

방법을 찾으려고 하기 때문이다. 이런 게으름은 그나마 나을 것이다.

하지만 치열한 전투에 가까운 영업의 전선에서 활동하다 보니, 아무래도 게으른 것보다는 부지런한 것이 훨씬 낫다는 결론이다. 바쁘게 돌아가는 사회생활에서 나만의 리듬으로만 움직이기는 매우 어려운 일이기 때문이다. 문제는 한번 게으름에 익숙해진 사람이 단숨에 자신을 바꾸기란 쉽지 않다는 점이다. 하지만 방법이 있다. 바로 자기 자신에게 최면을 거는 '자기암시'다. 나 역시 생각과 행동의 속도를 바꾸는 것에 있어서 자기암시의 도움을 많이 받았다.

최면 상태로 진입해 행동하게 만드는 힘

나는 학창 시절에 친구들에게 이런 이야기를 종종 했던 기억이 있다.

"야 너희들 되게 신기한 거 뭔 줄 아냐? 꼭 학교 다닐 때 놀던 애들이 커서 크게 성공한다는 거야."

그때 도대체 어디에서 그런 이야기를 들었는지는 알 수는 없지만, 아마도 스쳐 읽은 책이나 혹은 TV를 보다가 주워들은 이야기였을 것이다. 하지만 여기에는 일정한 자기 인식이 깔려 있었던 것 같다.

'나는 지금 공부는 못해도 친구와 잘 지내고, 관계도 다 괜찮아. 나는 내 인생을 즐기고 있으니까 이것만으로도 충분해. 나중에 커서 꼭 공부가 아니라도 뭔가를 해내면서 성공할 거야.'

지금 생각해보면 과거의 이러한 생각이 '자기암시'였다. 다만 사회 생활은 생각만큼 순탄하지 않아 갖은 풍파도 겪고 수치심도 느끼고 자존감도 상해왔지만, 그래도 '뭔가를 하면서 성공을 할 거야'라는 생각만큼은 사라지지 않았다. 최초의 자기암시, 그리고 이후에 사회생활을 하면서 하게 된 또 다른 자기암시가 모여 지금의 나를 이끌어 왔다고 볼 수 있다. 사실 자기암시란 것은 일종의 최면과 같다고 한다. 그런데 이 최면을 조금 더 자세하게 살펴보면 그 실제의 원리를 분명히 알 수 있다.

우리는 보통 명료한 각성 상태에 있다. 바로 의식이 우리는 지배하는 상태이다. 그런데 이러한 명료한 의식은 전체 의식의 5~10%밖에 되지 않는 빙산의 일각이며, 나머지 90~95%가 거대한 빙산의 아랫부분을 차지한다. 그런데 최면은 의식과 무의식의 중간 상태가 되는 것이라고 한다. 이렇게 되면 긴장이 풀리고, 주변에 대한 의식이 약해지고, 특정한 생각과 감정에 더 몰두하게 된다. 최면 상태에서 누군가의 제안에 민감해져서 그것을 실행하려고 하는 의지가 매우 강하게 작동한다는 것이 중요하다. 우리는 아무 생각 없이 남의 말을 주저 없이 행동으로 옮기는 것을 볼 때 "마치 최면에 걸린 것 같다"라고 말하기도 한다. 바로 이것이 '누군가의 제안에 민감해진다'는 것이다. 자기암시란 바로 이렇게 내가 나에게 하는 제안을 주저 없이 행동으로 옮기게 만드는 힘이다.

예를 들어 '나는 내일 아침 7시에 일어나고, 일어나자마자 빠르게 샤워하고, 힘들지 않게 출근할 것이다'라는 자기암시를 해본다고 하자. 이러한 제안을 받아들인 나는 최면 상태가 되어 자신도 모르게 7시에 일어나고 곧장 샤워를 하고, 버스나 전철에 시달려도 예전보다는 덜 힘들다고 느끼게 된다. 이렇게 나는 내가 건 최면에 의해서 주변 환경에 별로 신경 쓰지 않고 오로지 그 주문을 소화하는 일에 최선을 다하게 된다.

의지를 이기는 상상

최면에 의한 자기암시는 게으름을 이겨낼 수 있는 매우 좋은 방법 중 하나이다. 게을러진다는 것은 자신이 해야 할 것에 대한 집중력이 낮아지고, '빨리해야 하는데'라는 자신에 대한 제안조차도 별로 신경 쓰지 않는 상태를 의미한다. 하지만 평소에 '빨리할 수 있어', '꼭 할 수 있어'라고 생각하며 또한 그것을 실제로 해낸 장면을 머릿속으로 상상하면, 최면이 걸린 나는 빨리, 그리고 꼭 해내게 되고, 머릿속에서 상상했던 장면을 현실에서 구현하게 된다.

나는 이런 자기암시를 연료라고 생각해본 적이 있다. 삶이란 기차를 타고 목적지로 가는 것인데, 이 기차가 느려지지 않고 계속해서 힘차게 나아가려면 연료가 많아야 하지 않겠는가? 인생의 매 시기에 꼭 필요한 자기암시는, 이 연료를 빵빵하게 채우면서 느려지지 않도록 해야 한다는 이야기다. 또한 비유해보자면, 게으른 사람의 엉덩이에 불을 붙이는 것, 그것이 바로 자기암시이기도 하다. 게으른 사람은 엉덩이가 무겁다. 실제 행동을 하더라도 그 무거운 엉덩이 때문에 뭐든 느릿느릿 진행한다. 하지만 그때 그 엉덩이에 불을 붙이면 어떨까? 아마 "앗 뜨거!" 하면서 빛의 속도로 행동하지 않을까?

이는 의지와 상상이라는 것을 통해서도 설명할 수 있다. 프랑스의 약사이자 심리학자인 에밀 쿠에라는 사람은 이러한 자기암시의 긍정성을 이야기할 때 '상상은 늘 의지를 이긴다'고 설명한다. 환자들에게 약을 지어주면서 긍정적인 확신의 말을 해주면 약의 효과가 훨씬 더 높아진다는 사실을 관찰하면서 상상의 중요성을 강조했다.

우리는 일상에서 모든 것을 의지력의 문제로 환원하면서 '내가 의지력이 부족해'라고 생각하지만 사실 의지력에는 누구나 한계가 있다. 무한정 의지력을 발휘할 수는 없다는 말이다. 하지만 이때 상상력을 발휘하면 내 몸이 스스로 거기에 반응한다고 한다. 예를 들어 잠이 잘 오지 않을 때 '빨리 자야 하는데', '왜 잠이 안오지?'라며 의지력을 발동하면 오히려 더, 잠이 잘 오지 않는 경험을 해봤을 것이다. 그런데 반대로 상상력을 발휘해 잠을 곤하게 잘 자고 있는 자신을 떠올리면 분명 그것이 현실로 이루어질 가능성이 크다. 바로 이러한 상상이 곧 최면이고, 자기암시이다.

나는 이러한 자기암시는 작은 것부터 해보는 것이 중요하다고 생각한다. 어떤 사람들은 "나는 100억을 버는 부자가 될 거야"와 같은 말을 자기암시하라고 하지만, 현실성 여부를 떠나서 너무 큰 상상을 하면 오히려 현실의 자신이 더 초라해질 수도 있다. 따라서 우선은 자신의 생활을 바꾸는 것, 게으름에서 벗어나는 것부터 시작하면 좀 더 활기찬 하루를 시작할 수 있게 되고 이것이 쌓이고 쌓여 더 큰 자기암시를 현실로 만들 수 있을 것이다.

 가슴에 새길 TIP

- 게으름이 도움이 될 때도 있지만, 경험상 장점보다는 단점이 훨씬 많다.
- 명료한 의식의 힘으로 실천을 하기 힘들다면 최면의 도움을 받는 것이 좋다.
- 삶의 기차에는 반드시 연료가 빵빵해야 하고, 자기암시는 그 연료 역할을 한다.
- 의지력은 한계가 있을 뿐만 아니라 오히려 정반대의 결과를 낳기도 한다. 상상은 부작용 없는 훨씬 유용한 방법이 된다.

이겼다고 오버하지 말고 졌다고 기죽지 마라

만화가 이현세 선생의 '둔재가 천재를 이기는 법'에 대한 이야기를 감명 깊게 읽은 적이 있다. 인생에서 한 번 정도는 만나게 되는 천재 때문에 너무 괴로워하지 말라는 이야기다. 그 역시 동네에서는 신동이라는 이야기를 들으면서 재능을 인정받고 만화계에서 동료를 만났지만 이제까지 자신에 대한 평가는 도토리 키재기라는 사실을 알았다고 한다. 그러던 중 정말로 만화의 천재를 만난 후부터는 매일 불면에 시달릴 정도로 그림을 그리면서 괴로워했다고 한다. 심지어 그 천재는 매일 술을 마시면서 그림 한 장 휘갈겨서 자신이 한 달 동안 공들였던 그림을 휴지로 만들어버릴 정도였다고 한다.

결국 이현세 선생은 '천재들과 절대로 정면 승부하지 않아야 한다'는 사실을 깨달았다고 한다. 천재들은 결국 인간이 넘을 수 없는 '신의 벽'을 만나게 되고, 거기에서 좌절하고 방황하면서 자신을 파괴하기 때문이다. 이렇게 천재를 먼저 보내놓은 후 자신은 10년, 20년간 꾸준하게 걷다 보면, 어느 순간 자신을 추월했던 천재를 다시 만나게 되고, 그 천재를 추월할 수 있게 된다는 이야기다.

나는 이 이야기에서 타인과의 비교가 얼마나 쓸모없는 일인지, 그리고 한때 잘나가고 승리하는 것이 얼마나 의미 없는지를 깨달았다. 그래서 내가 항상 실망하고 힘들어하는 사람에게 해주는 말이 있다.

"이겼을 때 오버하지 말고, 졌다고 기죽지 마라."

우리 인생에서는 늘 성공과 실패가 반복되고, 추월과 후퇴가 반복된다. 남들 신경 쓰지 않고 자신이 가야 하는 길만 꾸준하게 걸어가는 것. 바로 이것이 모든 사람의 길을 열어 주는 비결이라고 생각한다.

도전하지 않을 거면 욕심도 부리지 마라

NEW ATTITUDE FOR
YOUR SUCCESS

자기계발

2

메타인지,
나를 모르면 백전백패다

나부터 알아야 세상을 보는 눈이 열린다

우리는 모두 한 사람 한 사람이 세상과 싸워나가는 전사들이다. 원하는 것을 최대한 효율적으로 얻어내고, 위험을 제거하며, 나를 공격하려는 사람들을 사전에 관리하거나 피해야만 한다. 이렇게 하기 위해 절실히 필요한 것이 바로 '전략'이다. 그런데 스마트한 전략을 세우기 위해 가장 먼저 해야 할 일은 나 자신을 제대로 아는 것이다. 내 능력도 모르고 덤비면 그것은 바로 천방지축일 뿐이고, 그 결과는 늘 백전백패다.

그래서 나는 늘 메타인지의 중요성을 강조한다. 메타인지는 과거의 나를 흔들어 깨운 첫 번째 충격이었으며, 가장 강한 충격이기도 했다. 그리고 지금도 나를 살아 있게 만들고, 새로운 전략을 고안하게 만드는 유용한 도구이자 무기이다.

메타인지는 단순히 내가 어떤 사람인지를 아는 것을 넘어, 나를 평가하고 지금의 내가 어떤 생각과 행동을 해야 하는지, 감정을 어떻게 다스려야 하는지 아는 것을 포함한다. 그래서 늘 메타인지가 가동되는 삶을 살아간다면, 훨씬 효율적이고 가속도 있는 생활을 해 나갈 수 있다.

메타인지, 나와 세상을
객관화하는 거대한 눈

"너 자신의 무지를 절대 과소평가하지 말라."

- 아인슈타인(과학자) -

    누군가가 "이제까지 이뤄낸 네 성과의 비결은 뭐야?"라고 묻는다면, 나는 단 한마디로 대답할 수 있다. 바로 '메타인지'라는 것이다. 메타인지에서 '메타(Meta)'는 '~뒤에', '~넘어서'를 의미한다. 즉, 나 자신의 관점을 넘어서 자신을 객관적으로 바라보고 냉정하게 판단할 수 있는 인식을 뜻한다. 이 능력은 자신을 돌아보며 내가 부족한 점이 무엇인지, 현재 내가 어느 정도의 상황에 있는지를 파악하는 것과 밀접하게 연결된다. 또한, 내 감정이 왜 생기고 있는지 인식하고, 내 생각이 합리적인지 비판적으로 판단하는 능력도 포함한다. 이를 달리 표현하면 '나의 생각을 내가 판단하는 능력'이라고 할 수도 있다.

    인생에서든 일에서든 이 메타인지 능력이 있는 사람과 없는 사람

사이에는 정말로 큰 차이가 있다. 메타인지가 없는 사람은 끊임없이 감정에 휘둘리고, 자신만 유독 힘들다고 생각하며, 중요한 순간에 결단을 내리지 못한다. 문제를 마주했을 때 원인을 외부로 돌리며 자신을 합리화하거나, 변화보다는 현재 상태에 안주하려는 경향을 보인다. 반면 메타인지가 확실한 사람은 지속적으로 자신을 돌아보고, 부족한 점을 채우려는 노력을 멈추지 않는다. 끊임없이 배우고 성장하려는 태도를 유지하며, 감정에 휩싸이기보다는 문제의 본질을 파악해 해결책을 찾으려고 한다.

나 역시 과거에는 메타인지가 부족한 삶을 살았다. 내 생각대로 살아가는 것이 아니라 그저 살아가는 대로 생각하며 하루하루를 보냈다. 미래의 꿈이나 구체적인 목표도 없었고, 내가 보는 것이 세상의 전부라고 착각하며 지냈다.

하지만 어느 순간 메타인지를 접하게 되면서, 내 삶은 완전히 달라졌다. 메타인지를 통해 나는 나 자신을 객관적으로 바라볼 수 있는 눈을 가지게 되었고, 그로 인해 삶을 대하는 태도와 방향성이 크게 바뀌었다. 특히 영업 분야에서 메타인지가 얼마나 중요한지도 깨달았다. 지금까지 살아오면서 메타인지가 없는 사람이 영업에서 성공하는 모습을 단 한 번도 본 적이 없었기 때문이다.

영업은 잘하지만 계약은 못 따는 설계사?

"인간의 욕심은 끝이 없고 같은 실수를 반복한다."

한때 인터넷에서 유행했던 말이다. 그런데 보험 영업의 세계에 들어오면서 이 말을 정말로 실감하게 된다. 더 나아가 그런 '끝없는 욕심'이 얼마나 광범위한지, 어떻게 그런 욕심을 낼 수 있는지 기가 찰 때가 많다. 아무것도 투자하지 않으면서 모든 것을 얻으려고 하고, 조금의 손해도 보지 않으면서 훨씬 많은 이익을 보려고 한다. 이 모든 문제의 출발점은 메타인지가 박살 났기 때문이다. 이런 상태에서는 자신이 현재 하고 있는 노력이 어느 정도인지 감을 잡을 수가 없다. 그러니 어느 정도 노력해야 하는지도 알 수 없다. 거기다가 자신을 객관화하지 못하니 평가조차 불가능하다는 이야기다.

메타인지가 박살 난 사람들의 가장 큰 특징은 자신을 올바르게 평가하지 못하고, 새로운 일에 도전해야 할 상황에서도 거부감을 갖고 실행에 옮기지 않으며, 남들이 어느 정도 노력하는지도 모른 채 자신만이 죽도록 힘들다고 여긴다는 점이다. 이런 사람들은 고객과 미팅 후 계약으로 이어지지 않으면 인상을 쓰면서 담배만 뻑뻑 피우면서 고객과 상품을 탓한다. 고객의 성격이 너무 까다롭다거나 인색하다고 불평하고 상품이 애초부터 잘못 설계되었다고 불만을 토로한다.

반면에 메타인지를 갖춘 사람은 고객 탓도, 상품 탓도 하지 않는다.

대신 자신의 상담 방법을 객관적으로 되돌아보고, 어떤 부분에서 고객에게 신뢰를 주지 못했는지, 상품 설계상의 약점을 어떻게 보완하며 설명했어야 하는지, 그리고 어떤 실수를 저질렀는지를 분석한다. 냉정한 메타인지에 근거해 자신을 평가하지 않으면 절대로 영업에서 성공할 수 없는 이유가 바로 여기에 있다. 또 이런 메타인지 부족 상태에서는 설득을 통해 고객이 상품의 매력을 느끼게 하지 못하고, 단순히 "이 상품은 정말 좋은 상품이다. 들어놓으면 미래가 든든할 것이다."와 같은 강요에 가까운 영업 방식을 취하기 쉽다.

또 어떤 사람은 자신에 대해 크게 오해하고 착각을 하기도 한다. 실제로 내가 만난 한 50대 여성 영업사원은 나에게 이렇게 물었다.

"저는 정말로 영업을 잘한다고 생각해요. 그런데 이상하게 실제 고객을 만나면 잘 안돼요. 더구나 저는 보험이 사람들에게 정말로 도움이 되는 상품이라고 생각하는데, 왜 사람들이 그걸 알아듣지 못하는 걸까요?"

안타깝지만, 이분은 메타인지라는 개념 자체가 없는 사람이다. '고객을 만나면 영업이 잘 안되는 사람'이 '영업을 잘하는 사람'이라고? 도대체 이런 어불성설은 어떻게 가능한 이야기일까? 결국 자신에 대한 객관적인 판단을 하지 못하니, 자신이 영업을 잘하는지 못 하는지도 모른다. 더 나아가, 고객을 설득하는 방법도 전혀 모르고 있다. 자신을 돌아보고, 객관적인 관점에서 자신의 영업 방식을 분석하지 못하면, 영업은 물론 어떤 분야에서도 발전할 수 없다.

고생한 자신을 위한 나만의 휴가?

이러한 메타인지가 박살 난 상태에서 생기는 또 하나의 큰 부작용은 자기 합리화를 잘하게 된다는 점이다. 이러한 자기 합리화는 자신이 무엇을 잘하고 있으며, 무엇을 잘못하고 있는지조차 깨닫지 못하는 상태를 말한다. 더 나아가, 설령 그것을 깨달았다고 하더라도 자신에게 유리하게 해석해 잘못을 정당화한다.

한 번은 꽤 긴 추석 연휴가 끝난 직후, 일을 막 시작할 때의 일이었다. 명절이 길면 그만큼 일할 수 있는 날이 줄어들게 되고, 대부분의 설계사들은 실적이 저조할 수밖에 없다. 따라서 명절 이후에는 맹렬하게 일해야만 실적을 일정 수준으로 끌어올릴 수 있다는 것은 너무도 당연한 일이다. 그런데 한 팀원이 휴가를 가겠다고 이야기했다. 물론 각자 설계사의 일이라는 것이 곧 개인 사업이나 마찬가지이기 때문에 휴가는 본인이 알아서 결정할 일이다. 하지만 혹시 무슨 특별한 사정이라도 있는지 궁금해서 이유를 물었다. 그러자 그는 마치 자신이 번아웃이 온 것처럼 이야기하며 본인을 위한 개인적인 휴가를 가겠다고 말했다.

거기다가 명절은 모두가 함께 쉬는 것이니 진정한 휴가가 될 수 없다면서 자신만의 개인적인 휴가를 갖겠다는 것이다. 정말로 어이가 없었다. 모두가 쉬든, 혼자 쉬든 어차피 쉬는 건 쉬는 것인데, 명절이 끝나자마자 또다시 휴가를 간다는 것은 납득하기 어려웠다. 그의 지난달 개인 실적을 확인해 보니 처참한 수준이었다. 그럼에도 불구하고 휴가를 가겠다는 말을 듣고는 더 이상 할 말이 없었다. 그냥 "일하기 싫다"고 솔직히 말하면 될 것을, "고생한 나를 위한 나만의 휴가"라는 자기 합리화로 포장하는 것 자체가 메타인지가 박살 난 전형적인 사례라고 할 수 있을 것이다.

메타인지가 없는 사람의 또 다른 큰 특징은 새로운 일에 거부감을 느낀다는 점이다. 눈앞에 도전해야 할 새로운 일이 있어도, 그것을 해냈을 때 자신에게 어떤 발전과 성장이 있을지를 생각하지 않고 무조건 거부부터 한다. 귀찮음과 짜증을 느끼며 그 일을 해야 할 이유조차 생각하지 않는다. 결국 새로운 일을 시도하지 않으니 다른 결과가 나올 리 없고, 이들은 매일 같은 자리에서 맴돌 뿐이다.

한번은 팀의 체계를 조금 더 효율적으로 만들기 위해 높은 직급의 팀원 한 명에게 매일 오전 10시까지 팀원들의 하루 일과를 취합해 나에게 전달해 달라고 부탁한 적이 있다. 팀원이라고 해봐야 겨우 네 명뿐이었다. 나는 이 일이 결코 어려운 일이 아니고, 다른 업무에 큰 부담이 되지 않을 것이라고 판단했다. 그런데 그가 한 대답은 어처구니 없었다.

"그런데 팀원들에게 갑자기 무슨 일이 생길 수도 있잖아요. 거기다 가 사무실 오는 길에 사고가 날 수도 있고요… 이런 건 좀 어려운 일이 아닐까요?"

이 대답을 들으면서 나는 말문이 막혀 버렸다. 아마 대부분의 사람 들도 이런 대답이 얼마나 어처구니없는지 공감할 것이다. 그러면 세 상의 수많은 회사에서 출근 시간은 왜 정하고, 회의는 왜 하며, 경영 계획은 왜 세우는가? 갑작스러운 일이 생길 수도 있고, 회사에 출근하 다가 사고가 날 수도 있는 것 아닌가?

새로운 일에 거부반응으로 일관하는 사람

나는 그분이 정말로 그렇게 생각해서 그런 대답을 했다고 보지는 않는다. 한마디로 그냥 거부감이 들었을 뿐이다. 한 번도 해보지 않은 일이니 하기 싫고, 하기 싫으니 귀찮아졌고, 그래서 어처구니없는 이 유를 댈 수밖에 없었다고 본다. 실제로 미국의 한 대학에서 조사한 바 에 따르면, 사람들의 90%는 자신이 해보지 않은 일을 실행해 보라는 지시를 받았을 때 일단 거부 반응부터 보인다고 한다.

물론 처음에는 누구나 그럴 수 있다. 하지만 이때 곧장 메타인지를 발동시키면 전혀 다른 태도를 취할 수 있다. '어쩌면 이 새로운 시도가 나의 또 다른 면을 발견하게 해줄 수도 있어'라고 생각하면 상황은 완전히 달라진다. 실제로 팀원의 하루 일정을 취합하라는 지시를 받았던 사람은 처음에는 불평했지만, 지금은 그 일을 자연스럽고 효율적으로 수행하고 있다. 이제는 시간도 많이 걸리지 않는 간단한 일이 되어버렸다. 이처럼 처음에는 두려움이 컸던 일이, 막상 시도해 보면 별것 아닌 경우가 대부분이다.

메타인지가 부족한 사람의 또 다른 큰 특징은 자신의 감정에 지나치게 휘둘린다는 점이다. 물론 세상에 감정의 영향을 받지 않는 사람은 존재하지 않는다. 하지만 메타인지를 가진 사람은 자신에게 왜 이런 감정이 드는지, 그리고 부정적인 감정에서 벗어나려면 어떻게 해야 하는지를 잘 알고 있다. 반면, 감정을 제대로 다루지 못하면, 그 상황에서 벗어나기 위해 무언가를 포기하거나 회피하는 일이 많아진다. 예를 들어, 고객과의 대화에서 불편한 감정이 생기면 해야 할 말을 하지 않고, 반대로 하지 않아도 되는 말을 해서 상황을 모면하려고 한다. 감정적으로 힘들다고 느끼면 마치 세상에서 가장 서러운 사람인 것처럼 행동하며 주변의 동정을 구하려 한다. 하지만 정작 그들이 영업에서 얼마나 노력했는지를 살펴보면, '저렇게 게으르게 하면서 슬퍼할 여유는 어디서 나오는 걸까?'라는 생각이 들기도 한다.

고대 그리스의 한 철학자는 이런 말을 남겼다고 한다.

"자신을 객관적으로 볼 수 있다면, 세상을 더 명확히 볼 수 있을 것이다."

이 말은 참으로 진리처럼 다가온다. 우선 자신을 제대로, 객관적으로 볼 수 있는 메타인지가 있어야만 세상과 일을 바라보는 안목도 생기기 때문이다.

 가슴에 새길 TIP

- 당신 혼자만 힘든 게 아니다. 길 가는 사람에게 물으면 모두들 사연 많은 드라마의 주인공이다.
- 고객이 당신의 상품을 알아보지 못하는 것이 아니라, 당신이 고객에게 상품을 제대로 보여 주지 않은 것이다.
- 자신을 제대로 파악하고, 평가하는 것이 영업의 출발점이다.
- 새로운 일을 시도할 때 생긴 거부감에서 벗어나 그것이 나에게 줄 이득과 장점을 생각해보라.

메타인지로 감정을 통제하는 법

도전하는 사람, 새로운 시도를 하는 사람들은 늘 감정이 롤러코스터처럼 오르 내린다. 자신도 확신할 수 없는 일들이 많아 격한 즐거움이 있지만 때로는 불안 과 괴로움도 있다. 게다가 영업은 직접 고객과 대면하는 일이어서 마찬가지로 감정의 기복이 심하다. 이렇게 감정에 휘둘리지만 않아도 일을 훨씬 더 성실하 고 지혜롭게 풀어나갈 수 있지만, 그렇지 않은 경우가 많이 생긴다.

나 역시 늘 감정에 휘둘리는 삶을 살아왔다. 어느 순간 감정을 잘 다스리지 못하 면, 일도 방해받고 생활도 망가지는 것을 자주 경험했다. 그래서 나만의 감정 관 리법을 정해서 감정이 격해지려고 할 때마다 다시 생각한다. 대원칙은 항상 침 착함을 유지하는 것이다. 다만 감정을 억누르는 것이 침착함은 아니라는 점이 다. 실제 감정은 억압한다고 해서 눌리지도 않는다. 중요한 것은 감정에 압도당 하지 않는 것이다. 평상시에는 나의 논리, 생각이 나를 압도하지만, 일단 감정의 격랑이 시작되면 내가 감정에 압도당하면서 문제가 생긴다. 따라서 내 감정을 늘 주의 깊게 바라보면서 과잉 반응하지 않고, 상황을 침착하게 주시하며 행동 하려고 한다. 그러기 위해서 통제할 수 없는 일에는 반응하지 않는 것이 중요하 다. 대부분 감정의 혼란은 통제할 수 없는 것을 통제하고 싶은 마음이 앞서면서 생기고, 내 마음대로 되지 않으면 화가 나고 짜증이 밀려온다. 이런 것들이 표 출되면 감정은 증폭된다. 입으로 "아! 짜증나!"를 외치면 왠지 그 짜증의 강도가 더 강해지는 듯한 느낌이 든다.

마지막으로 스트레스와 감정을 타인에게 드러내는 것은 약점을 드러내는 것과 마찬가지다. 감정이란 한 사람의 상태를 고스란히 보여 주고 성격을 그대로 노 출한다. 고객이나 주변 사람들에게 감정을 너무 드러내는 것도 자기 약점을 그 대로 보여주는 것이나 마찬가지가 된다.

'열심히'는 전략이 아니다, '똑똑하게'가 전략이다

> "가끔은 혁신을 추구하다 실수할 때도 있다.
> 하지만 빨리 인정하고 다른 혁신을 개선해 나가는 것이 최선이다."
> - 스티브 잡스(애플 창립자) -

　열심히 사는 것은 참 좋은 삶의 태도이며, 누구라도 그렇게 살아야 한다고 생각한다. 하지만 조금만 디테일하게 들어가 보면 이 '열심히'라는 개념을 둘러싼 몇 가지 미스터리가 존재한다. 우선, '열심히'의 기준이 사람마다 다르다. 어떤 사람에게 하루 6시간 일하는 것은 충분히 열심히 한 것으로 평가될 수 있지만, 다른 누군가에게는 하루 12시간 일하는 것이야말로 열심히 일했다고 말할 수 있는 기준이 된다. 똑같은 '열심히'라는 단어를 사용하지만, 그 강도와 깊이는 천차만별이다.

　또한, '열심히 하자!'와 같은 다짐은 누군가에게는 강력한 동기부여의 도구가 될 수 있다. 이를 통해 마음을 다잡고 어려운 상황에서도 최선을 다하게 되는 계기가 되기도 한다. 그러나 한편으로는 이 구호가 스스로의 나태함을 합리화하는 도구로 쓰이기도 한다. 매일 "열심히 해야지."라는 말을 입에 달고 살지만, 실제로는 아무런 행동도 하지 않는 경우도 적지 않다. 게으름과 나약함 속에서 그저 자신의 의지가 살아 있다는 착각만을 불러일으키는 것이다.

이렇듯, '열심히'라는 태도는 분명 훌륭한 출발점이 될 수 있지만, 그것만으로는 충분하지 않다. 우리는 열심히 살아가는 것 외에도 반드시 또 하나의 대안을 가져야 한다. 바로 '똑똑하게'다. 열심히 노력하는 것과 더불어, 노력에 영리한 전략을 더한다면 그 결과는 단순히 배가되는 것을 넘어, 효율성과 효과가 기하급수적으로 증가할 수 있다.

고객은 영업사원이 열심히 일한다고 계약하지 않는다

보험회사에서 일하다 보면 매우 흥미로운 장면을 목격할 수 있다. 한 달 동안 단 한 건의 계약이라도 더 하기 위해 투닥거리며 치열하게 경쟁하지만, 매달 초가 되면 언제 그랬냐는 듯 모두 동일선상에서 새로운 출발을 한다. 이때 꼭 나오는 말이 "이번 달에도 열심히 합시다. 잘 해봅시다!"라는 구호다. 하지만 그렇게 하루하루 별다를 것 없이 지나가고, 눈을 감았다 뜨면 다시 월말이 돌아온다. 그러면 말일에 회식을 하면서 반성하는 시간이 이어진다. 생각만큼 열심히 뛰지도 않았으니 월말에 실적이 좋을 리가 없다. 그러면 또 이런 구호가 등장한다.

"자, 이제 술 한잔으로 털어버리고 다음 달에는 더 열심히 해봅시다!"

그리고 또다시 하루하루가 지나간다. 이러한 패턴은 12개월, 1년 내내 반복된다. '열심히!'를 외치지만 실제로 열심히 하지 않고, 또다시 '열심히!'를 외치는 모습이다. 마치 공부하는 방법을 모르는 자녀에게 매일 아침 부모가 "오늘도 열심히 해!"라고 말하면 아이가 힘차게 고개를 끄덕이며 하루를 다짐하는 모습과 다를 바 없다.

물론 열심히 일하고자 다짐하는 것은 중요한 일이다. 하지만 전략 없이 늘 다짐만 반복하는 것은 아무런 생각 없이 살아가는 것과 다를 바 없다. 예를 들어, 설계사가 열심히 설명한다고 해서 고객이 사뭇 진지하게 고개를 끄덕이며 그 열정에 감동해 계약을 할까? 아니면 열심히 발품을 판다고 해서 고객이 "아이고, 고생이 많으시네요. 제가 하나 계약해 드릴게요."라고 할까? 열심히 전화를 돌리면 고객이 "전화 많이 하는 것도 힘들 텐데, 일단 저부터 만나시죠."라고 말할까? 한마디로 말도 안 되는 이야기다.

세계 최첨단 IT 기술이 탄생하는 미국 실리콘밸리의 기업들은 이렇게 외친다고 한다.

"열심히 일하지 말고 똑똑하게 일하자(Work smart, not hard)."

이것이 정답이다. 아무리 미친 듯이 달려도 결승선을 향하지 않으면 미친 듯이 후회할 뿐이다. 영업은 열심히 일하는 것만으로는 부족하다. '똑똑하게' 일해야만 한다.

똑똑하게 일하지 않으면 나중에 남는 것은 후회뿐이고, 실적은 남지 않는다. 애초에 달리기 전부터 결승선이 어디에 있는지, 길에 돌부리가 어디에 있는지, 그리고 함정이 몇 개나 설치되어 있는지를 파악하지 못했다면 결과가 좋을 리가 없다. 결국 술 한잔을 '후시딘' 삼아 마음의 상처를 잠시 덮어둔 채 또다시 "열심히!"를 외칠 뿐이다. 이런 상태에서는 늘 둘러댈 말이 많아진다. 경기가 안 좋아서, 명절이 너무 길어서, 개인적으로 힘든 일이 있어서 …

똑똑하게 일한다는 것은 단순한 실행력이 아니라, 전략과 계획을 수반하는 것이다. 이렇게 되면 돌발 상황에 속수무책으로 당하기보다, 미리 준비된 대응 방안을 가지고 문제를 해결할 수 있게 된다. 이런 접근법이 없다면 결국 실패의 책임을 외부로 돌리며 스스로를 합리화하게 될 뿐이다.

'가전 업계의 스티브 잡스'가 느끼는 삶의 고달픔
물론 이런 질문이 나올 법하다.
"그럼 어떤 게 똑똑한 영업이야?"

사실 '똑똑하다'라는 기준은 애매하고 사람마다 천차만별이기 때문에 "이게 바로 똑똑한 방법이야"라고 딱 잘라 제시하기는 어렵다. 게다가 나에게는 똑똑한 방법이었지만, 다른 사람에게는 그렇지 않을 수도 있다. 그러나 모든 영업사원이 자신만의 똑똑한 방법을 찾아 나갈 수 있는 확실한 한 가지 방법이 있다. 바로 '실행-수정-보완-재실행'이라는 과정이다.

모든 것의 출발은 실행에서 시작한다. 나 역시 '생각은 짧게, 실행은 빠르게'라는 원칙을 가지고 있다. 여기서 생각을 짧게 하라는 의미는 신중하지 말라는 것이 아니다. 어느 정도 생각해 보았다면, 그다음부터는 비슷한 생각이 반복될 가능성이 크며, 외부의 자극이 없다면 새로운 돌파구를 마련하기 어렵다. 오히려 이렇게 망설이는 사이에 걱정과 고민만 더 늘어날 가능성도 있다. 따라서 자신이 할 수 있는 만큼의 생각을 하고 결론이 섰다면, 빠르게 실행하여 그 생각을 검증해봐야 한다.

검증이 끝났다면 이제 무엇을 수정해야 할지, 어떻게 보완해야 할지가 보일 것이다. 그리고 이 점들을 바탕으로 다시 짧게 생각한 뒤 재실행에 나선다. 어떤 의미에서 보자면, 영업 노하우의 발전은 이러한 지루한 과정의 무한 반복이라고 해도 과언이 아니다. 더 나아가, 지금 나보다 훨씬 더 크게 성공한 사람들 역시 계속해서 이 과정을 반복하고 있다.

'가전업계의 스티브 잡스'라고 불리는 제임스 다이슨 회장이 그 대표적인 사례다. 그는 먼지 봉투 없는 청소기와 속이 뻥 뚫린 헤어드라이기를 만들어 세계적인 성공을 거둔 '다이슨'의 창립자다. 그런데 그가 이 혁신적인 제품을 만들기 위해 몇 개의 시제품을 제작했는지 아는가? 그는 자신의 집 마굿간에서 무려 5,127개의 시제품을 만들었다. 만들어 보고, 다시 수정하고, 보완하며, 또다시 만드는 과정을 무려 5,126번 반복했다는 이야기다.

한번은 그가 한국에 와서 인터뷰를 한 적이 있는데, 그의 말이 참 인상적이었다.

"나의 삶은 고달프다. 내일은 좀 더 나아질 것이라는 믿음을 놓지 않으려고 했다."

누가 봐도 성공한 사람, 세계적인 찬사를 받는 사람이 자기 삶을 고달프다고 말하다니. 이는 실행-수정-보완-재실행하는 과정이 결코 만만치 않다는 사실을 의미한다. 하지만 그의 성공에서 알 수 있듯, 이것이야말로 유일하게 확신할 수 있는 '똑똑한' 방법임이 틀림없다.

가슴에 새길 TIP

- 핑곗거리를 사전에 파악하고 피해 가는 것이 진짜 전략이다.
- 열심히, 하지만 멍청하게 일하고 있지는 않은지 되돌아보자.
- 넘어졌으면 다시 뛰어야지 왜 후시딘만 바르고 있는가?
- 원래 똑똑하지 않아도 상관없다. '실행-수정-보완-재실행'이 당신을 진짜 똑똑하게 만들어준다.

1+1은 2가 아니다

어떤 면에서 설계사들은 모두가 모두에게 경쟁자이기도 하다. 일정한 지역 내에 있는 사람을 고객으로 하기 때문에 어떤 고객이 내 동료의 고객이 된다면, 나는 그 고객을 대상으로 영업하기는 불가능하다. 이렇게만 본다면 모두가 경쟁의식을 철저하게 가져야 한다고 생각할 수도 있겠지만, 나는 그렇게 생각하지 않는다. 오히려 그럴수록 자신의 노하우를 적극 공개하고, 서로 부족한 점들을 보완해 줄 수 있는 협업을 더 열심히 해야만 한다.

나도 초창기에 모르는 것이 많아 이것저것 주변 선배나 동료들에게 물어보았다. 어떤 사람은 매우 친절하고 성실하게 답해 주기도 했지만, 또 어떤 사람은 무슨 대단한 영업 비밀이라도 되는 양 알려주기를 싫어하는 것처럼 느껴지기도 했다. 그런데 이럴 때 도움을 받은 사람은, 언제든 기꺼이 도움을 주려고 한다. 예전에 내가 뭔가를 물었던 사람이, 이번에는 나에게 물어오는 일이 있었다. 나는 과거의 일로 인해서 더 열심히, 그가 알고 싶은 것을 알려준 경험이 있다. 바로 이런 상호작용이 서로의 실력을 높이는 것이다.

이뿐만 아니라 내가 어느 정도 관리자의 자리에 오르다 보니, 이렇게 열심히 협업해서 팀워크가 강한 팀과 그렇지 않은 팀의 차이를 확연하게 볼 수 있게 됐다. 협업하는 팀은 성과가 그다지 출렁이지 않는다. 모두가 꾸준하게 상승하거나, 혹은 상승하지는 못해도 급격하게 떨어지지는 않는다. 그런데 협업을 하지 않는 팀은 어떤 달은 급격하게 오르고, 또 어떤 달에는 빠르게 떨어지는 일이 반복된다. 처음에는 왜 이런 현상이 반복되는지 알기 힘들었다. 하지만 곰곰이 생각해 보니, 협업을 잘하는 팀은 다양한 지식과 인사이트가 공유되면서 실력이 일정한 수준으로 유지된다는 점이다. 문제점을 잘 파악해서 다른 팀원에게도 알려 주며, 해결 방안을 함께 고민하기도 한다. 그러니 모두가 함께 실력이 올라가게 된다. 반면에 그렇지 않은 팀은 모두 개인 플레이만 하다 보니 지식도, 인사이트도 공유되지 않는다. 각기 운 좋게 비싼 상품을 계약하는 고객이 있으면 그 달의 실적은 팍 올라가지만, 그렇지 않은 경우 빠르게 떨어진다. 한마디로 팀 전체가 취약한 상태에 놓이게 된다.

협업의 중요성을 가장 잘 나타내 주는 말이 바로 '1+1=2가 아니다'라는 것이다. 앞에서도 말했듯 설계사들은 모두가 모두에게 경쟁자일 수 있지만, 경우에 따라 서로의 일을 가장 잘 아는 아주 유용한 조력자가 되기도 한다. 분야가 다르면 조언 자체가 불가능하겠지만, 오히려 분야가 같아서 모두 함께 전문가로 성장해 나갈 수가 있다.

안 되는 이유 말고, 되는 방법을 찾아라

> "실패의 99%는 변명을 늘어놓는 습관을 가진 사람들에게서 생긴다."
>
> - 조지 워싱턴(미국 초대 대통령) -

흔히들 위기를 기회로 만들라고 말하지만, 실제로 어떤 사람들에게 위기는 그냥 위기일 뿐이며, 고통의 시간에 불과한다. 무기력하게 얻어터지고, 심각한 내상을 입은 채 깊은 후유증에 시달린다. 이러한 사람들에게 위기는 단지 삶을 더 무겁게 짓누르는 불행으로 남을 뿐이다. 반면, 같은 상황에서도 위기를 발판 삼아 도약하는 사람들이 있다. 이들은 위기를 넘어서면서 한 단계 더 성장하고, 그 전보다 더 풍요롭고 행복한 삶을 만들어낸다. 위기가 어떤 이에게는 나락으로 떨어지는 계기가 되지만, 다른 누군가에게는 더 큰 세상으로 향해 날아가는 기회가 된다는 이야기다.

왜 이런 큰 차이가 발생할까? 그것은 바로 누군가는 '안 되는 이유'

를 찾고, 또 누군가는 '되는 방법'을 찾기 때문이다. 자신에게 어려운 일이 닥치면 사람은 크게 두 가지 방향으로 생각한다. 첫 번째는 '안되는 이유'를 찾는 사람이다. 그 일이 왜 해결되지 않는지 이유를 찾아서 스스로 설득 당하고 '아, 이래서 안되는구나'라고 받아들이고 포기해버리고 만다. 또 남들이 "그거 잘 안돼"라고 말하면 서슴없이 받아들이고 "그럼 나도 안되겠구나"라고 생각해버리고 만다. 두 번째는 '이게 안돼? 그럼 또 다른 방법을 찾으면 되지 않을까?'라는 의지를 발동시키고 기어이 해결해내려고 노력한다. 처음 시도에서 실패했더라도 이를 포기하지 않고, 또 다른 대안을 모색하며 끝까지 해내려는 자세를 유지한다. 이들의 머릿속에는 '이 상황을 어떻게 풀어갈까?'라는 질문이 항상 자리하고 있다. 그래서 안되는 이유를 찾으면 포기와 실패, 낙담으로 이어지지만 되는 방법을 찾으면 열정과 성공, 환호로 이어진다. 당신은 어디에 속하고 싶은가?

보험금 지급이 거절된 고객

안 되는 이유를 찾는 행위는 참 편한 도피처가 된다. "저건 원래 안되는 거래."라고 해버리면 힘든 도전의 과정도 멈출 수 있기 때문이다. 그리고 이러한 사고는 습관화가 된다. '실패도 습관이다'라는 말이 바로 여기에서 탄생했다고 본다. 한번 안전한 도피처의 맛을 알면 계속해서 그곳에 머물러 있고 싶기 때문이다. 그래서 결국 안 되는 이유를 찾는 사람은 그냥 '뭔가를 하기 싫어하는 사람'이라고 보면 된다. 인도 속담에 이런 말이 있다고 한다.

"하고자 하는 자는 방법을 찾고, 하기 싫은 자는 핑계를 찾는다."

보험 일을 하다보면 수시로 해결하기 어려운 일들이 찾아온다. 이럴 때에도 안되는 이유를 찾는 사람이 있는가 하면 되는 방법을 찾는 사람이 있다.

한번은 내가 영업한 고객이 척추와 무릎을 다쳐 병원에 입원한 뒤, 보험금 지급이 거절이 된 경우가 있어서 나에게 연락이 왔다. 보상과에 보험금을 신청했지만, 약관상 '척추 부담보'에 대해서는 지급할 수 없다는 이야기였다. 그 고객은 평소 허리 치료 이력이 많았다. 그래서 계약을 할 때 척추에 대한 치료에 대해서는 5년간 보상을 보상하지 않는 '부담보' 조건으로 계약을 했다. 하지만 고객은 척추만이 아니라 무릎까지 다쳤고, 그 이유로 병원에 입원했다는 것이다.

물론 나도 고객에 대해서는 '안 되는 이유'를 찾기는 쉽다. 약관상 그렇게 되어 있는데, 내가 뭐 어떻게 하겠는가? 회사가 지급 거절 사유를 명확히 제시한 이상, 고객이 아무리 화를 내도 더 이상 설계사가 개입할 여지는 없다는 식으로 대응하면 그만이다. 실제로 이는 많은 설계사가 선택하는 안전한 길이기도 하다. 명분도 있고, 논리도 있으며, 이건 내 권한 밖의 일이라며 손을 놓을 수 있다. 하지만 나는 그렇게 하고 싶지 않았다. 고객이 겪는 문제를 해결하지 못한다면, 그 고객과의 신뢰는 무너질 것이고, 더 나아가 내 일을 하는 방식에도 큰 의문이 생길 것 같았다. 나는 안 되는 이유 대신 되는 방법을 찾아야 했다.

그래서 내가 찾아낸 것이 바로 '작성자 불리의 원칙'이라는 것이다. 일단 보험사의 논리는 '다친 부위에 부담보 부위(척추)가 포함되어 있어서 지급할 수 없다'는 것이다. 그래서 나는 보험사에 이렇게 문의했다.

"보험 약관상에 부담보 부위(척추)를 제외한 다른 부위가 포함되어도 보험금을 지급하지 못 한다는 문구가 적혀 있나요?"

내가 '문구가 적혀 있나'라는 물었던 이유는 '작성자 불리의 원칙' 때문이다. 약관의 뜻이 명확하지 않을 때에는 보험사가 아닌 고객에게 유리하도록 적용하는 것을 말한다. 약관은 기업이 고객과 상의를 하고 만든 내용이 아닌 기업이 일방적으로 만든 것이기 때문에 두 입장의 뜻이 맞을 때는 고객에게 유리하도록 작용되어야 한다는 것이다. 결국 보상과 직원은 그러한 문구는 없다고 했고, 결국 '작성자 불리의 원칙'에 의해 나의 고객은 당일로 보상금을 지급받을 수 있었다.

'더 나은 것이 있지 않을까?'

심리학에서는 사람의 기본적인 심리 상태를 고정 마인드셋Fixed Mindset과 성장 마인드셋Growth Mindset으로 구분해서 설명한다.

고정 마인드셋을 가진 사람들은 대상이나 상황이 대체로 바뀌지 않는다고 믿는다. 자신의 노력이 큰 차이를 만들지 못한다고 생각하고, 목표가 이루어지지 않았을 때 그것을 실패로 단정 짓는다. 그 결과, 고정 마인드셋을 가진 사람들은 '안 되는 이유'를 찾는 데 익숙해지고, 점차 스스로의 가능성을 제한하는 삶을 살게 된다.

반면 성장 마인드셋을 가진 사람들은 세상과 자신의 상황을 고정된 것이 아니라 끊임없이 변화 가능한 것으로 바라본다. 그들은 실패나 성공을 일시적인 상태로 인식하며, 이를 자신의 노력과 선택에 따라 얼마든지 바꿀 수 있다고 믿는다. 목표가 이루어지지 않았더라도 '아직 과정일 뿐이야'라고 생각하며 지속적으로 발전을 도모한다. 결국, 이들은 스스로의 한계를 뛰어넘으려는 의지를 가지고 끊임없이 '되는 방법'을 모색한다.

그런데 나는 한번 성장 마인드셋을 가지게 되면 이제 점점 더 발전해서 계속해서 더 나은 상태를 추구하게 된다는 사실을 체험했다. 비록 현재의 상태가 어느 정도 만족스럽다고 하더라도 그곳에 머무르지 않는다는 것이다.

한번은 운전 중 가만히 주차되어 있는 차량과 살짝 충돌하는 사고를 낸 적이 있었다. 설계사로서 수많은 고객의 사고를 처리해왔지만, 정작 직접 사고를 겪게 되니 처음에는 나도 당황하지 않을 수 없었다. 물론 매뉴얼대로 차주에게 전화하고 보험처리를 하기로 했다. 그런데 여기까지라면 모든 상황은 정상적으로 마무리된 것이라고 생각할 수 있다. '사고가 크지 않아서 다행이야'라는 안도감으로 일을 끝낼 수도 있다. 그런데 문득 이런 생각이 떠올랐다.

'그런데 나는 뭐 보상받을 게 없을까?'

약관을 찾아보고 내용을 해석해본 결과, 비록 내가 사고를 냈더라도 보험금을 받을 수 있는 방법이 있다는 사실을 알게 됐다. 약관에 따라 필요한 절차를 진행한 끝에, 내가 사고를 낸 상황에서도 150만 원의 보험금을 받을 수 있었다. 만약 음주운전이나 무면허 상태였다면 보상이 불가능했겠지만, 다행히 그런 상황은 아니었기에 적당한 보상을 받을 수 있었다. 충분히 그만 두어야 되는 상태에서 한걸음 더 나아가려고 생각했고, 그것이 이루어진 것이다. 이를 통해서 '적당한 선에서 만족하기'에서 벗어나면 더 나은 다음 단계가 있다는 사실을 경험하게 됐다.

우리는 누구나 위기 속에서 살아간다. 지금 위기가 아니더라도 다음 번의 위기는 지금도 저 멀리서 나에게 뚜벅뚜벅 걸어오고 있다. 그래서 이 위기와 싸워나가는 방법을 익히지 못하면, 언제나 두려움 속에서 매번 흔들리고, 정신 못 차리고, 더 깊은 위기에 빠져들게 마련이다. 자신이 주기적으로 슬럼프에 빠지거나 우울증에 시달린다면, 어쩌면 이 주기적으로 다가오는 위기에 매번 난타당하고 있기 때문일 수도 있다. 해법은 간단하다. 그럴 때마다 '안되는 이유'를 찾지 말고 '되는 방법'을 찾아라.

 가슴에 새길 TIP

• 누군가에게 위기는 그냥 위기일 뿐이다. 모든 사람에게 위기가 곧 기회라고 착각하지 마라.

• 언제까지 핑계만 대면서 도피처에 머무를 것인가, 과감하게 새로운 탐험을 시작할 것인가?

• 지금 주어진 현실을 얼마든지 변화무쌍하게 바꿀 수 있다. 그리고 그것을 해낼 수 있는 사람은 바로 나 자신이다.

• 푸념과 불평불만으로 내 하루를 얼룩지게 하지 말고, 기대감으로 활기차게 만들어가라.

질투할 시간에 자신의 가치를 올려라

자기 객관화가 잘 되지 않는 사람들이 쉽게 빠지는 유혹이 바로 '뒷담화'이다. 자신을 정확하게 바라보고 발전의 방향성을 찾기보다는 누군가를 끌어내려 자신이 괜찮은 사람이라는 사실을 증명하려고 하기 때문이다. 이뿐만 아니라 때로는 누군가에 대한 질투를 교묘하게 위장하기도 한다.

사실 질투는 잘만 이용하면 동기부여가 되고 자기 성찰의 계기가 되기도 한다. 하지만 질투가 지나치면 오히려 자기 성장에 발목을 잡게 된다. 설계사라는 직업은 앞에서도 말했듯 모두가 모두에게 경쟁자이기도 하다. 한정된 지역 내에서 누가 더 많은 상품을 계약하느냐는 문제이기 때문에 뒷담화와 질투가 적지 않다.

무엇보다 자기 결핍이 심한 사람이 이런 행동을 많이 한다. 자신만의 올바른 기준도 없고, 그것을 위한 성실한 노력도 없다 보니 늘 초라한 자신을 목격하게 되고, 타인에 대한 질투, 뒷담화로 그나마 자존감을 세우려고 하는 것이다. 하지만 남을 깎아내린다고 자신이 올라간다고 생각하는 것 자체가 멍청한 일이다. 남에 대한 비웃음과 공격으로 자신의 자존감이 올라간다고 생각하는 것 자체가 말이 되지 않는 것이기 때문이다.

전직 킥복싱 선수이자 유명한 인플루언서인 앤드류 테이트의 부가티 승용차 색깔은 종종 비웃음의 대상이 된다. 평범하지 않은 구리색이라 누군가는 비웃기도 한다. 그리고 이러한 사실을 앤드류 테이트 자신도 너무 잘 알고 있다. 여기에 관련된 한 쇼츠도 있다. 누군가 앤드류 테이트의 부가티를 보며 "와~ 네 차 색깔 멋있다"라고 말했다. 그러자 그는 이렇게 대답했다.

"음, 내 차 색깔에 대해 호불호가 좀 갈려. 누군 마음에 든다고 하고, 누구는 별로라고 해. 그럼 내가 말하지. '그럼 네 부가티 색깔은 뭐야?'라고 말이야(하하)."

부가티를 살 능력도 없으면서, 부가티의 색깔을 비웃으며 왈가왈부하는 사람. 바로 그런 사람들은 '남을 깎아내리면서 스스로 잘난 척'하려는 결핍과 질투의 존재일 뿐이다.

이런 것을 할 시간에 더욱 자신에게 투자해서 자신의 가치를 올리는 일이 필요하다. 이런 상태가 되면 자연스럽게 남의 인생을 요모조모 뜯어보며 공격 포인트를 찾는 시간 자체가 아까울 것이다. 내가 자주 하는 말이 있다. 바로 "결과로 보여주겠습니다"라는 것이다. 세상에 결과보다 더 중요한 게 있을까. 아무리 왈가왈부 떠들어봐야 결과가 나쁘면 모든 게 꽝이다. 자신의 가치를 높이는 일, 그리고 모든 것을 결과로 말하겠다는 자세야말로, 자신의 결핍감을 줄이고 더 당당해지는 지름길이 될 수 있다.

WWWWWW

들뜬 기대감을 줄이고
현실에 대한 포부를 펼쳐라

—— • ——

"기대는 모든 성취의 시작이지만, 행동만이 그것을 현실로 만든다"

- 나폴레온 힐(자기계발 작가)-

가끔 자유롭고 싶어서 영업을 하려고 한다는 사람들을 볼 수 있다. 딱딱하고 엄격하고 눈치를 봐야 하는 직장 생활이 자신에게는 도저히 맞지 않다는 이야기다. 얼핏 들으면 맞는 이야기일 수 있다. 영업을 하게 되면 출퇴근 시간은 일반 직장인보다 자유롭기 때문이다. 또 누군가가 과도하게 간섭하는 일도 없고, 눈치볼 일도 별로 없다. 자신의 일만 스스로 잘 해내면 그다지 문제는 없기 때문이다. 하지만 이것이 영업을 선택하는 이유가 될 수는 없다고 본다. 더 나아가 이런 장점들이 좋아서 영업을 시작했다가는 거의 대부분 오래가지 못하고 일을 그만두게 된다.

나는 이렇게 "자유롭고 싶어서" 영업을 시작했다는 여러 명의 팀원들을 봐왔다. 신기하게도 엄청 타이트한 직장에서 적지 않은 시간 동안 근무를 해왔던 사람들이 막상 설계사를 시작하면 자유로워지는 것이 아니라 게을러진다. 원래부터 게을렀는데 그간 참고 견딘 것인지, 아니면 영업을 시작하면서 게을러진 것인지는 모르겠지만, 하여간 참으로 독특한 사람들이다. 하지만 단언컨대, 영업은 일반 직장인보다 훨씬 더 엄격하게 자신을 관리해야 하고, 성과의 측면에서는 오히려 더 자유롭지가 못하다. 그러니 영업을 자유롭다고 보는 관점 자체가 큰 오해이고, 동시에 영업에서 성공하기 위해서는 어디까지 자기 관리를 해야 하는지를 알아두어야 한다.

부자와 몸무게의 관련성

한번은 비즈니스로 무려 3,000명에 가까운 부자들을 만나본 사람이 쓴 책을 본 적이 있다. 물론 저자 스스로도 회사를 운영하고 있는 대표이다. 그는 자신의 과거 경험을 이야기하면서 매우 흥미로운 이야기를 했다. 자신의 재산과 체중이 반비례했다는 점이다. 28살에 낭비를 일삼고 파산을 할 지경에 이르렀을 때에는 몸무게가 100kg을 넘어섰다고 한다. 그런데 빚이 조금씩 줄어들고 버는 돈이 늘어나자 신기하게도 몸무게는 60kg대로 내려 왔다고 한다. 자신만 그렇다고 생각했지만, 수많은 부자를 만나면서 그들 역시 비슷한 것을 느꼈다고 했다.

물론 체중이 많이 나가는 부자들도 있긴 있지만, 거의 대부분의 부자들은 그 나이대에 맞는 적절한 체중을 유지하고 있었다는 것이다. 그래서 그는 결국 이러한 결론을 냈다.

"체중과 저축액을 파악하고 있어야 부자가 될 수 있다."

일견 충분히 이해가 가는 말이기도 하다. 저자는 단순히 '몸무게가 많이 나가냐, 적게 나가냐'를 말하는 것이 아니라 부자가 되기 위해서는 철저한 자기 관리가 필요하다는 점을 역설하는 것이라고 볼 수 있다. 사실 나 역시도 주변에 부자라는 사람들을 관찰해보면 대체로 자기 관리가 매우 철저하다. 지금 TV에 가끔 등장하는 재벌들의 모습을 한번 떠올려보라. 그들 중에서 지나치게 과체중인 사람이 있던가? 아마 그런 재벌은 거의 보지 못했을 것이다.

그러다 보니 이런 의문이 들었다.

'부자라서 자기관리를 잘하는 것일까? 자기관리를 잘해서 부자가 된 것일까?'

부자라서 시간도 돈도 있으니까 자기 관리에 몰두할 수도 있다. 그런 환경이 갖추어지지 않으면 자기관리도 쉽지 않은 일이기 때문이다. 하지만 나는 대부분의 자수성가한 부자들은 오히려 애초에 자기 관리를 잘해서 부자가 될 수 있었다는 사실에 더 무게를 둔다. 사실 상식적으로만 봐도 누구나 이해할 수 있다. 무절제하게 먹고, 아무나 만

나고, 게으르게 생활하는 사람이 과연 부자가 될 수 있을까? 이 말은 곧 자기관리를 하지 못하는 사람은 일도 제대로 할 수 없으며, 일을 제대로 하지 못하면 부자도 될 수 없다는 지극히 당연한 이야기가 아닐 수 없다.

게을러지는 것은 환경 탓?

보험업에 뛰어들기 전에 텔레마케팅 업계에서 근무했던 사람이 있었다. 이런 직장이라면 출퇴근 시간이 매우 엄격할 것이고, 하루에 해야 하는 통화량, 통화 시간 등을 철저하게 지켜야 할 것이다. 이러한 업무는 모든 데이터가 남는 작업이라 말 그대로 시간과 실적으로 자신을 증명할 수밖에 없다. 그런데 이런 일을 했던 분이 보험업계로 오면서 완전히 게을러졌다. 오전 11시, 12시에 출근하고, 심지어 1시에 출근하기도 하면서 또 6시면 칼같이 퇴근을 한다. 그러면서도 매일 "힘들다"는 말을 입에 달고 산다. 경비업계에 근무하던 분도 있었다. 경비 일도 시간을 얼마나 철저히 지켜야 하는가? 자신이 경비를 서야 하는 시간만큼은 10분도 늦거나 방심할 수 없을 것이다. 그런데 이런 분도 보험업계에 들어오면서 게을러진다. 아침 일찍도 아니고 10시가 되어서야 전화를 해 오후에 출근한다고 한다.

직장 생활을 할 때는 단 한푼도 손해보기 싫어서 월차를 꼬박꼬박

쓰고, 식대도 따박따박 챙기면서 도대체 왜 보험업계에만 들어오면 이렇게 될까? 처음에는 이런 사람들은 보면서 이해가 잘 가지 않았고, '환경이 바뀌니까 그렇겠지'라거나 '원래 그런 사람이겠거니'라고 생각했었다. 하지만 여기에는 특별한 이유가 있다.

누군가는 실행력이 없는 기대감만 잔뜩 품고 들어오고, 누군가는 확실한 포부를 가지고 들어오기 때문이다. 기대감을 가진 사람과 포부를 가진 사람은 리크루팅 단계에서부터 전혀 다른 질문을 한다. 막연한 기대감만 가지고 있는 사람은 자신이 얼마를 벌 수 있는지부터 물어본다. 물론 누구나 자신의 수입을 궁금해할 수 있지만, 문제는 수입만 보고 그것에 따른 현실적인 어려움에는 관심이 전혀 없는 것이다. 거기다가 리크루팅을 하는 사람도 이런 사람에게는 그 기대에 부응하는 대답을 한다. "지금 얼마 벌고 계세요?"라고 물어본 뒤 일정한 금액을 말하면 "그 3배는 벌 수 있겠네요."라고 답해준다. 여기에다 "편하고 자유롭게 프리랜서처럼 일하시면 돼요."라고 말하면 기대감이 만땅 충족된다. 돈은 3배나 벌면서 편하고 자유롭게 일하는 직장? 정말 이런 직장이 있다면 나라도 가고 싶을 지경이다.

대가를 치르면 결과는 달콤하다
반면에 포부를 가진 사람은 예상 수입도 물어보지만, 어떻게 해야 일을 잘하는지, 힘든 일이 있으면 어떻게 해야하는지에 대한 현실적인 문제에 관심이 많다. 이런 사람은 자신이 목표하는 바가 있기 때문에 그곳에 도달하기까지 자신만의 전략을 짜려는 사람이다. 한마디로 포부를 가지고, 그것을 신중하게 펼쳐나가고 싶은 사람이다.

기대감만 잔뜩 품고 온 사람들은 현실의 곤란함에 쉽게 무너질 수밖에 없다. 산꼭대기에서 볼 수 있는 아름다운 경치만 생각하다 보니 한걸음 한걸음 산을 오를 때 느끼는 고통이 더욱 심하게 느껴지는 것이다. 더 나아가 '모든 게 다 잘될 거야!'라는 근거 없는 희망과 긍정 회로만 돌리고 있으니, 몸은 게을러지고, 노력은 하고 싶지 않게 된다. 게다가 장밋빛 미래만 머리에서 둥둥 떠다닐 뿐이니 성장을 위한 노력을 하지 않은 것이 오히려 매우 자연스러워진다.

나는 보험 영업이 결코 자유로운 일도, 편한 일도 아니라고 생각한다. 만약 이런 것을 누리고 싶다면 충분히 그 대가를 치러야 한다. 일반 회사에서 9시에 출근했다면 보험을 하면서는 7시에 출근해야 하고, 일반 회사에서 6시에 퇴근했다면 8~9시에 퇴근할 각오를 해야 한다. 일반 회사에서는 정해진 일만 하고 시키는 일을 처리만 했다면, 보험을 하면서는 없는 일도 만들어내고 시키지도 않은 일도 해야 한다. 물론 그렇다고 너무 부담을 가져서 '애초에 내가 할 수 없는 일이야'라고 생각할 필요는 없지만, 그래도 그 노력의 대가는 충분히 달콤할 수 있다는 사실을 기억할 필요는 있다.

 가슴에 새길 TIP

- 기대감은 충분히 좋은 것이라 생각한다. 하지만 기대감만으로 이루어지는 일은 없다.
- '자유롭고 편하게 일하면서 돈도 많이 버는 일'이라는 건 세상에 존재하지 않는다.
- 부자여서 자기관리를 하는 게 아니라 자기관리를 해서 부자가 된 것이다.
- 산의 정상을 보는 동시에 산에 오를 때 따라오는 괴로움도 충분히 감수하겠다고 생각하라.

말과 행동도 자기 관리의 영역이다

사람과의 사이는 친해지고 편해지는 것이 제일 좋다. 특히 고객과 좀 더 친해질 수 있다면 앞으로의 꾸준한 영업에도 도움이 될 수 있으며, 주변 사람들과 편해지면 일하기도 좀 더 수월하다. 그런데 이렇게 친해지고 편해지려고 하는 말과 행동이 오히려 정반대의 효과를 불러 올 수도 있다는 점을 알아야 한다.

우선 고객은 물론이고 일하는 사이에서라면 너무 사적인 이야기를 많이 하는 건 좋지 않다.

사적인 이야기를 하다보면 자신의 약점을 드러내는 경우가 많다. 물론 이런 모습을 보고 감싸주는 사람도 있겠지만, 이것으로 사람에 대한 '판단'을 해버리는 사람도 있다. 그러니 아무리 고객과 친해지고 싶다는 마음이 있어도 어디까지나 '공적인 영역' 내에서 친해질 뿐, 사적인 영역까지 오픈해서는 안 된다.

또 품격이 떨어지는 행동도 주의해야 한다. 사무실에 있다 보면 정말로 거슬리게 걷는 사람들도 있다. 걸을 때마다 소음이 너무 많이 나고 때로는 건방지게 보이는 경우도 있다. '걸음걸이도 남들 신경 쓰면서 해야 하나?'라고 반문할지 모르겠지만, 최소한 단정하게는 걸어야 할 필요가 있다. 걸음걸이는 물론이고 표정, 눈빛에도 한 사람의 심리적인 특성이 반영된다. 그래서 가끔은 눈빛만으로도 기분이 나빠지지도 않는가? 이처럼 품격이 떨어지는 행동은 자신의 약점을 노출하는 것일 뿐이다. 설계사는 특히 말과 행동으로 많은 것을 보여주는 직업임을 명심하라.

'돈과 나'에 대한
메타인지가 있는가?

"돈은 무자비한 주인이지만, 유익한 종이 되기도 한다."
- 유태인의 격언 -

우리가 가져야 할 또 하나의 진정한 메타인지는 '나와 돈의 관계'를 제대로 설정하는 것이라고 생각한다. 메타인지가 나 자신을 객관화하는 힘이라고 한다면 그 안에는 '돈과 나의 관계'도 제대로 설정되는 것이 포함된다. 이 책에서 부자가 되고, 영업을 잘하는 법을 알려준다고 해서 '무조건 돈만 많이 벌면 최고야'라고 말하려는 것은 절대로 아니다. 오히려 그런 식의 맹목적인 목표는 우리를 '돈은 많지만 천박한 사람'으로 만들 가능성이 높기 때문이다.

그렇다고 해서 지금 내가 '부자의 품격'을 논할 나이는 아니라고 생각한다. 더구나 그런 것을 말할 수 있는 경험이 풍부한 것도 아니다. 다만 돈을 많이 버는 것보다 더 중요한 것은 기본과 원칙이 있는 삶을 사는 것이며, 본질에 집중해서 살다 보면 돈은 저절로 벌린다는 점이다. 하지만 이러한 관계를 미처 모르는 적지 않은 사람이 산수도 못하면서 수학을 하려고 하고, 걷지도 못하면서 뛰려고 한다. 이는 오히려 자신을 지치게 하는 일일 뿐이며, 그 소중한 노력에 대한 결실을 스스로 방해하는 꼴이다.

100억 자산가의 하루

'부자들은 행복지수가 높은 사람이 아니라 불행지수가 낮은 사람이다'라는 말이 있다. 사실 우리는 '돈=행복'이라는 공식을 가지고 있다. 하지만 이 공식은 어느 정도 수준까지만 맞는 말일 뿐이다. 경제학자들과 심리학자들의 연구에 따르면, 연봉 7만 5천 달러, 우리 돈으로 약 1억 원에 이를 때까지는 주관적인 행복감이 계속해서 증가하지만, 그 이후에는 더 이상 큰 영향을 미치지 않는다고 한다.

또 다른 연구에서는 소득이 지나치게 높은 경우 오히려 스트레스, 과로, 대인 관계의 문제로 인해 행복이 저해될 수 있다고 한다. 그런 점에서 부자들은 행복지수가 높은 사람이라기보다는 불행지수가 낮은 사람이라고 할 수 있다. 돈으로 삶에서 발생할 수 있는 여러 가지 문제를 해결할 수 있으므로, 겪어야 할 고통을 더 적극적이고 주도적으로 줄일 수 있는 것이다.

예전에 100억대 자산가의 일상에 관한 이야기를 다룬 신문 기사를 본 적이 있다. 우리는 보통 이런 자산가라면 대단히 멋지고 유쾌하며 짜릿한 하루를 보낼 것이라고 생각하지만, 실상은 전혀 그렇지 않았다. '애걔, 고작 이거야?'라는 생각이 들 정도였다. 신문 기사의 주인공인 자산가는 아침에 일어나 친구들과 동네 음식점에서 밥을 먹고 사우나를 간다. 거기서 2시간 정도 찜질을 하고 친구와 헤어진다. 낮에는 사람이 없는 공원이나 헬스장에서 운동을 한 후 집에 돌아와 독서를 하고 저녁을 먹는다. 약속이 있으면 친구와 술 한잔을 기울이고 잠자리에 든다.

물론 현직에 있지 않기 때문에 바쁘게 사람을 만나고 성취감을 느낄 일은 없겠지만, 100억을 가진 자산가든, 통장에 5천만 원이 있는 평범한 사람이든 하루의 흐름은 크게 다르지 않다. 좀 더 좋은 옷을 입고, 맛있는 음식을 먹고, 좋은 차를 타고 다닐 수는 있어도 사람의 일상적인 모습은 결국 거기서 거기다.

돈을 많이 벌면 인생의 모든 문제가 한꺼번에 해결되고, 행복이 무한히 다가올 것이라고 생각하지만, 이는 어떤 면에서는 판타지에 불과하다. 한 심리학자는 "한 번 고가의 명품을 구매한 사람은 같은 제품을 다시 사더라도 처음 느꼈던 행복을 얻지 못한다."라는 연구 결과를 발표하기도 했다.

물론 자본주의 사회에서 돈이 없다는 것은 큰 불편함을 유발하는 장애에 속한다. 돈이 없으면 정서적이고 물질적인 고통이 생기고, 불편함과 짜증을 유발한다. 그런 점에서 돈을 벌어 이러한 문제를 해결하는 과정은 필수적이다. 그러나 돈이 모든 문제를 해결한다고 생각해서는 안 된다.

흔히 돈이 있으면 '경제적 자유'가 생긴다고 말하지만, 이 말은 곧 돈은 '경제적' 자유에만 영향을 미친다는 의미이기도 하다. 그 외의 문제, 예컨대 인간관계, 내면의 평화, 삶의 의미 등은 절대로 돈으로 해결되지 않는다. 결국, 돈은 행복의 한 부분일 뿐 전부가 될 수는 없으며, 우리의 삶에서 본질적인 가치를 대체할 수는 없다.

판단의 기준은 '삶에서 지켜야 할 기본'

그런 점에서 돈을 추구하지만 매몰되어서는 안 되고, 돈에 대한 욕망에 과도하게 휩쓸리지 않는지 자신의 기준을 갖는 일은 반드시 필요하다고 본다. 나의 경우, 이 기준이 되는 것을 '삶의 기본'이라고 생각한다. 내가 돈을 추구하는 과정에서 삶의 기본이라는 것이 훼손되고 있는지 없는지를 확인하는 것이다. 이러한 삶의 기본은 사실 누구나 다 알고 있는 것들이기도 하다.

예를 들어, 보험 영업에서는 자신의 수수료보다 고객의 문제 해결이 앞서야 하는 것이 기본이다. 고객에게 문의를 받았을 때 나의 수수료를 먼저 생각하고, 고객이 나중에 어떤 일을 당하든 상관하지 않는 것은 분명 기본에서 벗어난 일이다. 그런데 문제는 이런 기본조차 지키지 않는 사람이 너무 많다는 점이다. 고객의 문의가 들어오면 고객이 무엇을 원하고, 그가 가진 문제를 어떻게 해결해 줄지를 고민하기보다는 자신의 수수료만 계산하고 챙기려 하니, 고객과의 만남에서도 본질에 집중하지 못한다. 그 결과 흔히 말하는 업계의 물을 흐리는 결과를 만들어내기도 한다. 한마디로 자신도 망치고, 업계도 망치는 결과를 초래한다.

인간관계에서 서로 간의 신뢰와 믿음은 기본이다. 그런데 이 기본이 훼손되는 일을 하면서까지 돈을 추구하게 된다면, 이것이 바로 돈에 대한 과도한 욕망이고 매몰이 되는 일이다.

세계 최고의 부자인 빌 게이츠는 이렇게 말했다.

"성공은 나쁜 선생님이다. 똑똑한 사람들에게 실패할 수 없다고 믿게 만든다. 겸손함을 잃지 말고 기본에 충실해야 한다."

사실 이러한 기본은 많은 부자가 공통적으로 강조하는 말이다. 워렌 버핏과 함께 세계적인 투자 기업을 일구었던 파트너 찰리 멍거도 이런 말을 했다.

"삶에서 가장 큰 실수는 인성과 도덕성을 희생시키면서 단기적인 이익을 추구하는 것이다."

이 말 역시 기본을 지키라는 조언에 다름이 아니다.

결론적으로, 나는 돈과 나의 메타인지라는 관점에서 '기본이 지켜지고 있는가'를 가장 중요하게 생각한다. 이 기본이 깨지면서 한쪽으로 쏠리는 모습을 경계해야 한다. 이런 점이 중요한 이유는 기본을 지켜나가는 것이 자신의 실력을 올려주는 핵심 도약대가 되기 때문이다.

우리가 기본에 우선 충실한 뒤, 여기에 조금만 더 노력을 가미한다면 '기본 이상' 정도만으로도 자신의 삶과 자신이 속한 업계에서 큰 차별화를 이룰 수 있다. 이는 많은 사람의 신뢰와 사랑을 받을 수 있는 기반이 될 것이라고 확신한다.

 가슴에 새길 TIP

- 돈이 많다고 무한정 행복해지지는 않는다. 돈이 해결할 수 없는 것도 있다.
- 단기적인 이익 추구는 오히려 장기적인 이익을 추구할 때 방해가 된다.
- 돈을 추구하는 과정에서 '삶의 기본'이 훼손되는지를 기준으로 삼으면 도움이 될 수 있다.
- 기본을 지키고, 그 '기본 이상'만 해도 원하는 것을 충분히 이뤄낼 수 있다.

멘토의 조언에
자기 의견을 섞어서는 안 된다

"멘토가 있다는 것은 삶의 큰 행운이자 행복이고 기회다."

- 롭 무어(백만장자, 작가) -

"인생은 어차피 독고다이다."

아이돌 출신의 한 여성 방송인이 대학교의 졸업 연설에서 한 말이다. 그렇게 생각하면서 살아가는 사람들이 그녀뿐만 아니라 우리 주변에 적지 않게 있다. 물론 나도 마찬가지다. 내 인생의 문제를 해결할 수 있는 사람은 나밖에 없다는 절실한 마음으로 살아왔다. 따라서 독고다이라는 말은 자신이 결정하고 자신이 책임진다는 의미에서는 매우 중요한 말이다. 하지만 그렇다고 하더라도 삶의 여정에 도움을 줄 여러 소중한 조언과 기회조차 일부러 내칠 필요는 없다.

그래서 우리에게 정말로 필요한 사람이 바로 멘토이다. 지금 자신에게 믿고 따를 만한 멘토가 있는 사람은 매우 든든한 무기와 방패를 가지고 있다고 해도 과언이 아니다. 멘토는 나보다 앞서 살아본 사람들로서, 내가 겪은 실패를 먼저 경험하고, 나보다 먼저 해결 방법을 고민하고, 그리고 내가 여전히 허우적거릴 때 그곳에서 빠져나올 수 있는 최적의 방법을 알고 있는 사람들이다. 그러니 자신의 삶을 책임지겠다는 '독고다이'의 정신과 함께 여러 의사결정이나 고민을 상담해야 할 때에는 멘토와 함께해야 한다. 다만 그들의 도움을 받는 멘티가 되기 위해서는 그에 걸맞은 준비와 자질이 필요하다. 멘토의 조언을 단순히 듣는 데 그치는 것이 아니라, 이를 진심으로 받아들이고 실천으로 옮길 수 있어야 하기 때문이다. 멘토 역시 멘티가 진정한 배움에 대한 열정과 성장하고자 하는 의지를 가지고 있을 때 비로소 인생의 동행을 허락하게 된다.

멘토의 조언에 주관을 섞는 어리석음

배움에 목말랐던 나는 멘토를 얻기 위해 누구보다 노력했다. 처음에는 그런 사람들을 어떻게 만나야 할지 막막했다. 내가 할 수 있는 유일한 방법은 멘토로 삼고 싶은 사람들이 주최하는 강연에 참여하거나, 학습 프로그램에 동참하는 것이었다. 이런 방식으로 멘토와의 연결고리를 만들어 나가며, 진정성을 보여줌으로써 인간 대 인간의 관계를 맺으려고 했다.

이러한 노력을 하다 보면 흥미로운 경험을 하게 된다. 보험 영업을 처음 시작했을 때, 내가 멘토로 삼고 싶었던 사람은 유튜브 화면에서 나 볼 수 있는 머나먼 존재였다. 직접 만나 대화를 나누는 것은 꿈도 꿀 수 없는 일이었다. 하지만 멘토를 찾으려는 다양한 노력과 작은 시도들이 쌓이다 보니, 어느 순간 그 멘토와 함께 같은 술자리에 앉아서 대화하는 나 자신을 발견할 수 있었다. 이 과정은 매우 특별하고 놀라운 경험이었다. 그러나 이것은 나만이 할 수 있는 일이 아니다. 누구든 원하는 사람을 멘토로 삼고자 결심하고, 그들의 강연에 참여하며 인간적으로 연결될 기회를 만들어 나가면 비슷한 경험을 할 수 있다. 중요한 것은 멘토와의 관계를 형성하기 위한 노력을 아끼지 않는 것이다. 그 결과는 매우 심대한 영향을 미치게 된다.

미국에서 지도 교수의 능력이 학생들에게 미치는 영향을 연구한 적이 있다. 연구 결과, 훌륭한 지도교수를 둔 학생들은 실질적인 능력과 문제 해결력, 정서적 안정감은 물론, 자아 존중감도 크게 향상됐다고 한다. 이 정도면 멘토가 멘티의 인생에 얼마나 큰 변화를 가져올 수 있는지 충분히 짐작할 수 있을 것이다.

그러나 멘토의 조언을 받을 때에는 반드시 유념해야 할 점이 있다. 그것은 바로 멘토의 조언에 자신의 주관을 섞지 않아야 한다는 점이다. 멘토의 조언은 순수하게 있는 그대로 받아들이고 실천해야 한다.

하지만 많은 사람이 멘토의 조언을 그대로 받아들이기 싫거나 실천하기 어려우면 자기 생각을 섞어 조언을 왜곡하곤 한다. 이런 경우, 멘토의 조언은 본래의 의도에서 벗어나게 되고, 그 결과는 당연히 좋지 않을 수밖에 없다.

이때 흔히 하는 말이 "멘토 말대로 해봤는데 잘 안 되더라"이다. 그런 결과가 나온 것은 멘토의 조언에 자기 주관을 섞었기 때문이다. 뭔가 멘토에게 질문을 하고 그의 조언을 받는다는 것은 이제까지 본인의 방법으로 해봤지만 잘 되지 않았을 때이다. 그러니 멘토의 조언에다가 이제까지 자신이 해봤던 '안되는 방법'을 섞었으니 제대로 될 리가 있겠나? 이는 마치 시험 답안지인 OMR카드에는 수성 사인펜으로 표시하지 않고, 같은 검은색이라며 유성매직으로 표시하는 것과 마찬가지다. 정작 자신이 잘못해 놓고 엉뚱하게 컴퓨터를 탓해서 안되듯, 자신의 주관을 섞어서 엉뚱한 방향으로 실천했으면서 멘토 탓을 하면 안된다는 이야기다.

조언이 아닌 지적이라도 일단 수긍부터 하라

멘토가 나에게 해주는 소중한 조언이 있는 반면, 주변 사람들로부터 지적을 받을 때도 있다. 멘토의 조언은 적극적으로 수용하려 하지만, 주변 사람들의 지적은 쉽게 받아들이지 않게 되는 경우가 많다. 그러나 나는 이러한 상황에서도 '일단 수긍하기'라는 자세를 갖추는 것이 중요하다고 생각한다. 일단 수긍하기란 말은 쉬워 보이지만, 실제로는 쉽지 않은 일이다. 대부분의 사람들은 자존심 때문에 누군가의 지적을 부정하려는 경향이 강하기 때문이다.

실제로 연구에 따르면, 누군가가 자신과 반대되는 의견을 말하면, 우리의 뇌는 이를 곧바로 공격으로 인식하고 스트레스를 느낀다고 한다. 이로 인해 사람들은 그 상황에서 벗어나기 위해 본능적으로 핑계를 대거나 반박하려는 반응을 보인다. 비판을 듣고 마음의 상처를 받기도 하며, 자신이 옳다는 것을 증명하기 위해 항변하기도 한다. 그러나 이러한 반응을 자주 보이는 사람일수록, 아이러니하게도 자존감이 높지 않은 경우가 많다. 자신의 가치를 확신하지 못하기 때문에, 비판과 함께 지적을 자신에 대한 부정적인 평가로만 받아들이고 방어적으로 대응하게 되는 것이다.

물론, 억울한 부분이 있을 수도 있고, 상대방의 지적이 틀렸을 가능성도 있다. 하지만 그렇다 하더라도, 그 지적 안에는 반드시 배울 부분이나 받아들일 부분이 조금이라도 존재하기 마련이다. 특히, 경험이 많거나 직급이 높은 사람들의 지적은 단순한 비난이 아닌 경우가 많다. 그들은 자신만의 노하우를 통해 성장해온 사람들이며, 굳이 누군가를 망하게 하려고 시간을 들여 지적을 하지는 않는다. 애정과 관심이 없다면, 조언이나 지적을 할 이유가 없다. 오히려 조금만 고치면 더 나아질 수 있다고 생각하기 때문에 시간을 들여 말을 해주는 것이다. 따라서 그들의 지적을 '성장을 위한 조언'으로 받아들일 필요가 있다. 비록 마음속으로는 '나는 그런 의도가 아니었는데…'라는 생각이 들더라도, 내가 나를 보는 시각과 타인이 나를 보는 시각은 분명 다를 수 있다는 점을 인정해야 한다. 특히, 나를 지적하는 사람이 그렇게 느꼈다면, 나의 고객들 역시 같은 부분에서 나를 부정적으로 볼 가능성이 있다. 따라서 타인의 지적을 받아들이는 것은 내 행동이 다른 사람들에게 어떻게 비춰지는지를 점검할 기회가 된다.

따라서, 지적을 받을 때는 억울하거나 반박하고 싶은 마음을 잠시 접어두고, 일단 수긍한 후 개선점을 찾는 자세를 가지는 것이 중요하다. '일단 수긍하기'는 단순한 예의가 아니라, 자기 성장을 위한 가장 중요한 시작점이라고 할 수 있다.

멘토의 조언과 주변 사람들의 지적. 이 둘을 잘 결합하고 내 주관을 섞지 않고 순수하게 실천하다 보면 자신의 생각과 습관의 틀에서 빠져나와 좀 더 정확하고 올바른 길을 갈 수 있는 계기가 될 것이다.

 가슴에 새길 TIP

• 나를 이끌어줄 멘토가 있는 사람은 삶의 전장에서 매우 훌륭한 동료가 있는 것과 마찬가지다.
• 멘토의 조언에 나의 주관을 섞는 순간, 멘토의 진짜 의도는 가려지고 사라진다.
• 누군가 나에게 '지적질'을 한다는 생각이 들어도, 그 안에는 반드시 배울 것이 있다.
• 나보다 잘나고 성공한 사람이 시키면, 제발 좀 그냥 그대로 하는 것도 방법이다.

메타인지, 나를 모르면 백전백패다

NEW ATTITUDE FOR
YOUR SUCCESS

영업
노하우

3

을이 되어 끌려 다니지 말고
갑이 되어 리드하라

업(業)을 재정의하면, 새로운 길이 보인다

이번에는 살면서 가져왔던 가장 큰 편견 하나를 깰 차례이다. 흔히 '영업'이라고 하면 늘 을의 위치에 있다고 여기고 주눅이 들어 자신감을 가지지 못하곤 한다. 하지만 갑과 을의 위치는 결코 고정된 것이 아니다. 겉으로 볼 때 고객이 갑이고 영업자가 을로 보이지만, 돈을 내는 사람이 반드시 갑은 아니라는 이야기다.

'필요성'이라는 차원에서 바라보면 그 관계의 역전을 느낄 수 있다. 당신이 한여름에 참을 수 없는 갈증을 느끼는 상태라고 하자. 그리고 시원한 생수를 애타게 찾고 있는 상황이라고 해보자. 이때는 돈을 지불하는 당신이 갑이 아니고 시원한 생수 한 병을 팔 수 있는 사람이 갑이다. 갈증을 느끼는 사람이 동시에 많을 때에는 "제발 저에게 좀 팔아주세요."라고 애걸하는 상황이 펼쳐진다.

보험 영업도 마찬가지다. 상품에 대한 단단한 전문지식으로 무장하고 고객에게 꼭 필요한 포트폴리오를 짤 수 있다면, 누구나 이런 상품을 원하게 되고 바로 이때에 영업자가 갑이 된다. 영업을 영업으로만 대하면 늘 을이 되지만, 이처럼 고객의 필요성으로 접근하면 반드시 갑이 될 수 있다.

검소하게 산다는 이유로
저렴한 인생이 되지는 마라

"태도는 작지만 큰 차이를 만드는 요소다."

- 윈스턴 처칠(정치인, 군인) -

검소하게 산다는 것은 그리 나쁘지 않다고 본다. 과거에는 때로 재벌 회장님도 뒷굽이 닳은 구두를 신고 다녔다는 이야기를 들은 적도 있기 때문이다. 하지만 검소하게 살고 싶다는 이유로 인생까지 저렴해져서는 안 된다. 나도 세상을 잘 모를 때는 검소하게 살면서 사치를 하지 않아야 하고 겸손한 모습을 보여야 한다고 믿었다. 거기다가 '보이는 것이 전부는 아니다'라는 생각에 삶의 내실이 더 중요하지 않겠냐는 생각도 했다. 하지만 정반대로 '보이는 것이 전부'인 때도 있다.

만약 전쟁이 터져서 내가 군대에 있고, 나를 이끌고 전쟁터에서 싸울 부대장을 만났다고 해보자. 그런데 왠지 혈색도 창백하고 근육 따위는 찾아볼 수 없으며 목소리는 웅얼거리는 수준이라면 어떨까? 과연 그 사람을 믿고 내 목숨을 걸면서 치열하게 싸울 수 있을까? 어쩌면 '저런 사람 믿고 함부로 나섰다가는 내 목숨도 위험할 것 같아!'라는 생각이 들지 않을까? 그래서 누군가를 이끌어야 할 부대장이라면 일단 혈색도 좋아야 하고, 근육도 있어야 하며, 목소리도 우렁차야 한다. 그의 능력이 얼마나 뛰어난지는 그다음 문제다. 이럴 때는 우선 보이는 것이 전부고, 보이지 않는 병사들의 마음까지 좌우하게 된다. 이렇게 보이는 것이 얼마나 중요한지, 그리고 그것이 또한 나에게 어떤 영향을 미치는지 알기 시작한 것은 보험 영업을 위해 고객들과 만나면서부터였다.

도대체 고객은 무엇으로 판단하라는 말인가?

어렸을 때부터 절약하고 검소하게 살아야 한다는 말을 많이 들었다. 그래서 옷이나 신발도 떨어질 때까지 입고 신었으며, 기왕이면 저렴한 것을 사서 돈을 아껴야 했다. 가끔은 정말로 싫었지만, 남들이 입던 옷을 물려입는 경우도 있었다.

그런데 나의 이러한 생각이 완전히 뒤바뀐 것은 고객이 나를 바라보는 시선을 느꼈을 때였다. 내가 어떤 옷을 입고 상담 자리에 나가는가, 내가 무슨 자동차를 타고 약속 장소까지 가는가에 따라서 고객의 반응은 완전히 달랐다. 때로는 무시하는 듯한 눈빛도 느꼈고, 때로는

'우와, 좋은 옷 입고 좋은 차 타고 다니는구나'라는 시선을 느낄 수 있었다. 그런데 필연인지 우연인지 모르겠지만, 무시받는 느낌이 들 때 상담 결과는 좋지 않았고, 긍정적인 느낌을 받았을 때 상담 결과는 늘 좋았다. 이러한 일을 어떻게 해석해야 할까?

나는 거꾸로 생각해 봤다. 내가 어떤 영업사원과 계약을 해야 하는데, 머리는 더벅지고 구두는 제대로 닦여 있지도 않고, '정말 저런 옷을 돈을 주고 산 걸까?' 싶은 옷을 입고 나온다면 어떨까? 그런 사람이 나에게 영업을 하고 상품 설명을 한다고 생각해 보면 정말이지 끔찍하지 않을 수가 없다.

게다가 나는 잘생긴 것도 아니고, 키가 크고 피지컬이 좋은 사람도 아니다. 그러니 최소한 영업을 하는 사람이라면 나의 가치를 제대로 전달하는 일은 필요하다. 최소한 나의 몸에 최대한 맞춰진 옷과 깔끔한 구두를 신고, 깨끗한 피부에 밝은 표정으로 최대한 긍정적인 에너지를 보여줘야 한다. 거기다가 특히 보험 고객은 40~50대가 많다. 그들이 살면서 얼마나 많은 설계사들과 미팅을 해 보았겠는가? 그럼에도 불구하고 또 한 명의 영업사원인 나를 만난다는 것은 그들에게는 반드시 해결해야만 하는 삶의 고충이 있다는 이야기다. 그런 사람들에게 도움을 주려는 위치에 있는 영업사원이라면 반드시 이제까지 말한 기본적인 요소들은 당연히 갖춰야 하고, 나만이 가지고 있는 전문

지식을 잘 전해서 그들에게 도움이 되어야만 한다.

한번은 개인 브랜딩을 위해서 멘토인 K 대표님을 찾아가 두세 번 상담을 한 적이 있었다. 처음 보험업계에 들어온 후 6개월까지는 다소 고객들에게 끌려다니는 영업을 한 것도 사실이다. 그러다 보니 정반대로 고객이 나라는 브랜드를 믿고 찾아오는 영업을 하고 싶어서 멘토와 여러 이야기를 했다. 그런데 그분의 말씀 중에 '와, 바로 이거구나!'라는 것을 깨닫게 되는 계기가 있었다. 그분이 나에게 말했다.

"원명 대표님, 저에게 상담받기 위해서 처음 저를 찾아오셨을 때 왜 다른 사람도 아닌 저를 찾아오셨죠? 제가 누군지도 모르고 존재감도 없고, 인지도도 없으면 저를 찾아왔겠어요? 사람들은요, 약한 사람을 좋아하지 않아요. 자신에게 하나라도 더 알려주고 끌어줄 수 있는 강한 사람을 좋아해요."

이 정도면 반박이 불가능한 명언이다. 나도, 당신도, 우리 모두가 다 마찬가지가 아닌가. 일단은 강해 보여야 의지하게 되고, 전문가로 보여야 상담하게 되고, 뭔가 잘나가는 것처럼 보여야 비로소 신뢰가 시작된다. 그가 누구냐에 따라서 내가 하는 말에 실리는 무게감도 다를 수밖에 없다.

말하는 사람 자체의 중요성

한번은 미국 하버드대학교에서 진행한 흥미로운 심리 실험에 대한 글을 책에서 읽었다. 학생들을 두 집단으로 나눈 뒤, 똑같은 말을 들려주는 실험이었다.

"자연계에 폭풍이 필요하듯, 정치계에도 때로는 혁명적 활동이 필요하다."

한 집단에는 이 말을 미국 건국의 아버지 중 한 명인 토머스 제퍼슨이 했다고 말했다. 이 말을 들은 학생들 대부분은 고개를 끄덕이며 "그렇지, 때로는 급격한 변화가 필요할 때도 있지", "맞는 말이야, 그럴 수 있어"라고 긍정적으로 반응했다. 그러나 다른 집단에는 이 말을 러시아 공산주의자가 했다고 말했다. 그러자 대부분의 학생이 고개를 가로저으며 "말도 안 되는 소리야", "절대 혁명 같은 건 필요하지 않아"라고 반응했다.

이 실험은 같은 내용의 말이라도 누가 말했는가에 따라 사람들의 반응이 얼마나 달라지는지를 명확히 보여준다. 믿을 만한 사람이 말하는 것과 그렇지 않은 사람이 말하는 것의 무게감은 이처럼 크게 다르다.

내가 보험 상품을 설명할 때에도 마찬가지다. 내가 아무리 상품의 특징을 논리적으로 잘 설명한다고 해도, 그 설명의 핵심적인 내용이

나 계약 조건이 달라지는 것은 아니다. 또, 내가 계약서를 더 고급스러운 종이에 인쇄해 가지고 나간다고 해서 그 보험 상품의 보장이 더 나아지지도 않는다. 결국 중요한 것은 상품을 설명하는 '사람', 그리고 계약서를 내미는 '사람'이다. 고객은 내가 얼마나 신뢰할 만한 사람인가를 기준으로 상품을 받아들인다. 그리고 문제가 생겼을 때 고객의 입장에서 함께 해결책을 찾고, 신뢰를 지키는 것도 결국 '사람'이다.

겉모습이 전부는 아니지만, 사람들은 종종 겉으로 보이는 것을 통해 첫인상을 판단하고 가치를 부여한다. 이는 선물을 줄 때의 상황과도 비슷하다. 선물을 할 때 가장 중요한 것은 물론 마음 자체다. 하지만 그 마음을 더 잘 전달하기 위해서는 포장지의 재질이나 선물을 건네는 방식도 중요하다. 포장이 허술하거나 전달 방식이 부족하면, 아무리 진심 어린 마음이라도 상대방에게 가볍게 여겨질 수 있다.

 가슴에 새길 TIP

- 신뢰할 만한 모습을 갖추지 못했으면서 자신을 신뢰해달라고 말하는 것은 어리석다.
- 사람들은 약한 사람을 좋아하지 않는다. 자신에게 도움을 줄 수 있는 강한 사람을 좋아한다.
- 비싼 옷으로 치장하라는 의미가 아니다. 긍정적인 에너지로 무장하라는 이야기다.
- 선물을 주는 마음도 중요하지만, 그것이 잘 전달되기 위한 포장지와 건네는 방식도 중요하다.

스스로 을이 되면 노하우가 쌓이는 게 아니라 능력이 소진된다

"누구도 당신의 동의 없이는 당신을 열등하게 만들 수 없다."

- 프랭클린 루즈벨트(전 미국 대통령) -

내가 보험을 시작하면서 느낀 첫 번째 허들은 바로 설계사를 을로 대하는 태도와 관점이었다. 실제 초창기 상담 현장에서 만난 고객 중 일부는 정말로 영업사원을 철저하게 을로 취급했다. 보험회사 역시 과거의 영업 방식을 답습하며, 어쩔 수 없이 을의 위치에서 영업을 진행해야 한다고 교육했다. 결국 영업사원들은 스스로를 을이라고 인식하게 되고, 그러한 인식은 점차 신념으로 굳어지며 행동의 습관으로 자리 잡게 된다. 이제 겨우 말귀를 알아듣는 아이에게 "너는 을이야. 너는 을로 행동해야 돼. 을이라는 거 안 잊었지?"라고 계속 강조하면 아이는 정말로 자신이 영원히 갑이 될 수 없는 을이라고 생각할 것이다.

하지만 나는 그런 상황을 정말로 바꾸고 싶었다. 내가 대단히 자존 감이 높거나 능력치가 엄청나서가 아니다. 최소한 고객들도 자신의 필요에 의해 보험을 드는 건데, 왜 설계사가 무조건 을이 되어야 하는 지 의문이 들었고, 단 얼마를 벌더라도 당당하고 싶었기 때문이다. 우선 '갑이 되는 보험 영업'에 대한 노하우를 본격적으로 말하기 전에 어떻게 설계사가 자의든 타의든 을로 키워지는가에 대해 알아볼 필요가 있다.

지치는데 어떻게 지치지 말란 말인가?

팀원과 동료들에게 '갑이 되는 영업을 하라'고 조언하면, 그들은 거의 대부분 당황하면서 이렇게 반문하곤 한다.

"을은 을이지, 어떻게 갑이 됩니까?"

이러한 반응은 현실적으로 느끼는 자신의 처지에 대한 깊은 좌절감과 무력감을 보여주고 있다. 그들은 자신이 고객 앞에서는 그 어떤 결정권도 행사할 수 없으며, 고객이 먼저 불러주거나 연락을 줘야만 비로소 영업 활동을 할 수 있다는 점에서 스스로를 을이라고 확신한다. 고객이 모든 선택권과 주도권을 쥐고 있는 상황에서, 영업사원은 그저 간택을 기다리는 수동적인 존재로 전락하고 마는 것이다.

문제는 보험회사 역시 과거의 영업 방식을 고수하면서 은연 중에 설계사를 을로 전락시키는 교육을 하고 있다는 점이다. 보험회사에서 신입사원이 들어오면 다음과 같은 교육을 반복적으로 시킨다.

- 고객에게 일주일에 한 번은 무조건 연락을 해라.
- 어른들에게 지속성에 대한 신뢰를 쌓아라.
- 꾸준함을 유지해라.
- 늘 "도와드릴 거 없냐", "필요한 거 없냐"라고 질문해라.
- 1~6개월은 실적이 없을 수 있다.
- 결과가 나오지 않아도 지치지 않아야 한다.

아무것도 몰랐던 초창기에는 나도 이런 수칙을 철저하게 지켜야 한다고 생각했지만, 지금 다시 생각해보면 정말 어처구니없을 정도로 잘못된 영업 방식이다. 하나하나 따져보면 지금도 실소를 금할 수 없다.

모두 바쁜 사회생활을 하는데, 고객에게 일주일에 한 번 연락하라는 이야기는 "제발, 보험 좀 들어주세요~ 제발!"이라며 재촉하는 일에 다름 아니다. 친하지도 않은 사람에게 일주일에 한 번씩 전화해서 무슨 말을 할 것인가? 그런데 이걸 지속하고 꾸준하게 하라는 이야기는 거의 스토커 수준이 되라는 이야기다. "도와드릴 거 없냐", "필요한 거 없냐'라며 계속해서 질문하는 것도 한심한 일이다. 고객은 자신의 문제를 혼자 해결하기 힘든 수동적인 존재가 아니다. 대부분의 사람들은 일상에서 불편하거나 힘든 일이 있어도 어떻게든 스스로 해결하면서 살아간다. 그런데 자꾸 영업사원이 전화 걸어서 "도와드릴 거 없냐", "필요한 거 없냐"라고 묻는다면 어떨까? 처음에는 '나를 도와주려고 하니 고마운 사람이군'이라고 생각할지 몰라도, 계속 그러면 '내가 늘 남의 도움이나 받는 사람으로 아는 거야?'라고 생각할 수도 있다. 더 기가 찬 일은 무려 6개월 동안 실적이 없어도 지치지 말아야 한다는 점이다. 실적이 없다는 것은 수익도 없다는 것을 의미한다. 그 어떤 일은 하든 일한 만큼 통장에 돈이 들어오고 스스로 자부심을 느껴야 지치지 않는 법이다. 하지만 그런 게 전혀 없어도 지치지 말라니, 이거야말로 정신승리를 권장하는 일이다.

이러한 보험회사의 영업 수칙을 딱 한마디로 정리해보면 '철저한 을이 되어서 영업하세요'이다. 물론 이것을 보험회사의 잘못이라고만 보기는 힘들다. 변화하는 시대에 '갑이 되는 영업법'에 대해서 고민하지 않은 결과이기 때문이다.

자기 능력에 대한 착각
문제는 여기에서 그치지 않는다는 점이다. 처음 신입으로 입사하면 회사에서는 딱 세 가지를 가르치고 영업을 하라고 내보낸다.

첫 번째는 상품 교육이다. 수많은 보험사의 여러 상품을 주르륵 보여주며 공부하라고 지시한다. 이 과정에서 상품에 대한 구조적 이해나 고객의 필요를 충족시키기 위한 맞춤형 설계는 거의 다뤄지지 않는다. 두 번째는 아이스브레이킹 방법이다. 어색한 분위기를 깨고 상품을 가입할 수 있도록 권유하는 방법을 가르친다. 마지막으로는 '지인 리스트'를 작성하라고 한다. 주변에서 상품을 계약해줄 수 있는 아는 사람을 기록해보라는 것이다. 그리고 본격적인 영업을 뛰라고 재촉한다.

이러한 과정을 거친 설계사는 그나마 약간의 자신감을 가질 수 있다. 상품에 대해 숙지했고, 분위기를 누그러뜨리는 방법도 배웠으며, 고객 리스트까지 있으니 '나도 할 수 있지 않을까?'라고 생각하게 된다. 그렇게 실제 현장에 나가면 어렵지 않고 친구를 비롯한 지인들이 한 두건 계약을 한다. 그렇게 회사로 돌아가면 칭찬을 받는다. 만약 10만 원짜리 계약을 했다면, "오늘 80만 원 버신 거예요!"라고 부추긴다. 이는 앞으로 받을 수 있는 모든 수수료를 미리 계산했을 때의 금액이다. 이런 말을 들은 설계사는 '와, 하루에 80만 원을 벌다니!'라고 생각하며 주변 지인들을 더 찾아나서게 된다.

문제는 이런 방식은 상품에 대한 단순한 지식만을 알려줄 뿐, 그 상·

품이 고객에게 어떤 '가치'를 지니고 있는지에 대해서는 무지하게 만든다는 점이다. 그래서 만약 고객이 "이건 좀 비싼데…"라고 말하면, 설계사는 재빠르게 더 낮은 가격의 상품을 제시하며 영업을 이어간다. 이는 결국 더 저렴한 상품으로만 승부하는 값싼 영업사원이 되는 길이다.

게다가 이런 과정은 자신의 능력을 착각하게 만들기도 한다. 마치 자신이 정말 대단한 가치를 지닌 설계사인 양 스스로를 과대평가하게 된다. '하루에 80만 원 벌면 한 달로 치면 얼마지…? 우와, 한 달에 천만 원은 우습구나!' 물론 말도 안 되는 계산법이지만, 누구나 한 번쯤 이런 기적의 계산법에 빠지는 경험을 하게 된다.

더 나아가, 이 모든 과정에서 화룡점정을 찍는 제도가 있다. 바로 보험회사에만 존재하는 매우 독특한 '조기 가동'이라는 제도다. 일반적으로 설계사의 계약은 월초부터 월말까지 꾸준히 이어지지만, 유독 월초에 계약된 건에 대해 회사에서 선물을 제공한다. 값비싸지 않은 1만 원, 2만 원짜리의 주방용품 세트를 주거나, 아기자기하고 귀여운 물건을 선물로 준다. 문제는 여기에 유혹당하는 설계사가 의외로 많다는 점이다. 그래서 기왕이면 월초로 계약을 몰아 이런 선물을 받고자 하는 경향이 생긴다.

물론 설계사를 독려하기 위해 마련된 작은 선물일 수 있지만, 이는 설계사로 하여금 사소한 보상에 끌려 다니게 만들고, 고객의 필요를 진정으로 이해하며 더 나은 상품을 추천하는 노력을 소홀히 하게 만든다. 결국, 시간을 들여 고객에게 진정으로 유용한 상품을 설득하기보다는, 선물이라는 당근에 현혹되어 빠르게 계약을 체결하려는 행태가 계속된다.

스스로 을이 되는 경로에서 빠져나와야 한다

문제는 그때부터 시작된다. 초기 몇 개월이 흐른 뒤에는 이제 더 이상 만날 지인이 없게 된다. 따라서 비교적 수월하게 진행되었던 계약들이 점차 어려워지고, 이제부터는 스스로 개척해야 하는 시기에 본격적으로 접어들게 된다. 문제는 바로 이 시점에서 설계사들이 멘붕에 빠지기 시작한다는 점이다.

어렵게 약속을 잡아 고객을 만나더라도 매몰찬 거절을 당하며 자신감이 무너진다. '내가 영업에 소질이 없는 건가?', '정말로 이 일이 내 길이 맞는 걸까?'라는 의구심이 점차 커져만 간다. 더구나 통장에 찍히는 수수료는 점점 줄어들고, 경제적 압박은 날로 심해지면서 설계사들은 또 한 번 깊은 절망에 빠진다. 이들은 시간이 흐를수록 경제적 어려움뿐만 아니라 정신적 피로감까지 겹치며 점차 지쳐간다.

'단순 상품 교육-지인 영업-조기 가동'이라는 시스템 안에서 철저히 을로 키워진 영업자는 지인들에게 이미지가 나빠져 인맥이 망가지고, 그 사이 제대로 된 노하우는 배우지 못해 새로운 영업 실력을 키우지도 못한 채 점점 힘이 빠져간다. 그 와중에 서서히 이탈하는 고객들이 생기기 시작하면, 통장에 입금되는 돈은 더 줄어들고 결국 되돌릴 수 없는 상태에 이르게 된다. 이때 일을 포기하지 않는다면, 영업자는 더욱 철저히 을이 되리라 결심할 수밖에 없게 된다. 한 건이라도 더 계약하기 위해서 수단과 방법을 가리지 않게 되는 것이다.

물론 보험회사도 그들만의 입장이 있다. 하나의 회사로서 개별 사업자인 설계사들과 거래하며 수익을 올려야 하는 구조이기 때문이다. 설계사들이 최대한 회사의 자원을 활용해 더 많은 돈을 벌어야 하듯, 회사 역시 설계사들을 통해 수익을 창출해야 하는 위치에 있다. 하지만 중요한 점은 설계사들이 스스로 각성하고, 스스로 을이 되는 경로에서 빠져나와야 한다는 점이다. 회사는 끊임없이 리크루트를 통해 새로운 설계사를 충당할 수 있지만, 개인으로서 설계사는 한 번뿐인 자신의 인생을 소진하며 좌절하고, 관계를 잃게 될 수 있다.

'갑이 되는 영업'을 해야 하는 이유는 자신의 자존감을 챙기면서 더 효율적으로 돈을 벌기 위한 것이기도 하지만, 그 이전에 최소한 이렇게 을로 활용되다가 도태되지 않기 위해서이기도 하다. 그리고 이 과정에서 가장 안타까운 점은 정작 소중한 고객은 안중에서 사라지게 된다는 점이다. 고객은 한 번뿐인 인생에서 10년, 20년을 바라보면서 계약을 한다. 하지만 정작 설계사는 그런 고객을 책임지지 못하는 결과가 초래된다.

 가슴에 새길 TIP

- 스스로 을이라고 생각하면 영원히 을에서 벗어날 수 없다.
- 시대가 바뀌면 고객의 성향이 바뀌고, 고객의 성향이 바뀌면 영업의 방식도 바뀌어야 한다.
- 가격이 낮은 상품을 제시하게 되면, 본인의 가치도 낮아진다고 생각하라.
- 고객은 자신의 문제도 혼자 해결할 수 있는 없는 수동적인 존재가 아니다. 계속해서 도와주겠다고 말할 필요는 없다.

고객을 선택할 수 없다면
고객을 대하는 내 방식을 선택하라

"우리가 선택할 수 없는 상황과 환경이 있을지라도,
우리의 태도와 반응을 선택할 자유는 항상 있다."

- 빅터 프랭클 (심리학자) -

나도 처음에는 보험 영업에서 모든 선택권이 고객에게만 있다고 생각했고, 나 역시 거기에 따라갈 수밖에 없다고 여겼다. 어쩌면 너무 당연하지 않은가? 고객이 계약을 하겠다고 결정해 주어야 나는 그제야 계약을 진행할 수 있기 때문이다. 하라면 하고, 하지 말라면 할 수 없는 사람이 바로 나였다. 심지어 나는 어떤 고객을 만날지도 선택할 수 없다. 설계사는 고객을 골라서 만나는 위치에 있지 않기 때문이다. 하지만 나는 어느 순간부터 깨닫기 시작했다. 그렇게 해서는 영원히 을의 영업법에서 벗어날 수 없다는 사실을 말이다. 물론 지금도 내가 고객의 성향을 파악해 선택적으로 만날 수는 없다.

하지만 한 가지 확실한 것은 있다. 어떤 고객을 만나든 이제 결정권은 나에게 있으며, 고객이 옳지 않은 선택을 할 때에는 내가 권고하거나 지시할 수 있으며, 심지어 "상품 가격이 너무 비싼데…"라는 말을 들어도 절대로 더 싼 상품을 제시하지 않는다는 점이다. 음식점으로 친다면 가격이 저렴해서 객단가가 낮은 동네 백반집이 아니라, 한 명을 받아도 만족할 수 있는 높은 가격을 받는 객단가 높은 고급 레스토랑이 되었다는 점이다.

깡그리 무너져 버린 자존심

처음 영업을 시작한 지 한 달쯤 되었을 때 일이다. 친한 친구의 어머니가 그간 자신이 들어 놓은 보험을 점검해 달라는 요청을 해왔다. 나에게는 너무 소중한 기회였기 때문에 추운 겨울에 4잔의 음료수를 손에 들고 집으로 향했다. 친구, 친구의 형, 어머니, 그리고 내 것이었다. 무척 추웠던 것으로 기억되어 음료수를 들었던 손이 벌벌 떨릴 정도였다. 하지만 아무렴 어떠랴. 친구의 어머니이니까 나에 대해 분명 호의가 있을 것이며, 그렇다면 영업은 순조로울 것이기 때문이다. 거기다가 먼저 친구의 어머니가 자신의 보험을 점검해 달라고 했으니, 내가 매달리는 영업도 아니지 않은가?

어머니는 약속 시간보다 한참 뒤에야 집으로 들어왔다. 반갑게 인사를 드렸지만, 분위기는 처음부터 이상했고, 냉랭했다. 우선 내가 힘들여 사 온 음료수를 보더니 친구의 형을 향해서 "이거 네가 먹어"라고 하는 것이 아닌가. 약간 고개가 갸우뚱거려질 수밖에 없었지만, 중요한 것은 음료수가 아니었다. 본격적으로 상담이 시작됐을 때, 어머니가 처음 했던 말은 아직도 기억에 남는다.

"어, 그래, 어디 한번 해 봐."

정말로 이렇게 무례해도 되나 싶을 정도로 충격적이었다. 마치 대단한 권위를 가진 심사위원이 수많은 아이돌 지원자들에게 '그래, 어디 한번 춤추고 노래해 봐. 내가 평가해 줄게'라는 듯한 인상이 아닐 수 없었다. 마음은 표현하기 힘들 정도로 구겨졌지만, 그걸 티 낼 수는 없는 노릇이었다.

더군다나 나는 정말로 그날의 상담을 위해 많은 신경을 기울였다. 어떻게 하면 친한 친구의 어머니가 보험을 잘 설계할지 연구하고, 적절한 가격에 최대의 혜택을 받을 수 있도록 온갖 머리를 굴렸다. 그렇게 해서 1차 상담이 끝난 후 2차 상담까지 잡혔다. 그런데 2차 상담에서는 더 비참한 일이 발생했다. 보험 영업을 무시하는 눈빛, 표정, 말투가 내 자존심을 깡그리 무너뜨렸다. 심지어 내가 거의 완벽하게 준비했던 제안서에 어처구니없는 딴지까지 걸기 시작했다. 당시 상담했던 상품은 운전자 보험이었다. 여기에는 사망보험금도 포함되지만, 사실 대부분의 고객은 후유장애에 따른 보상금을 더 중요하게 생각한다. 이는 혹시라도 교통사고로 인해 상해와 골절이 완치되지 않아 후유증이 남을 때 보상하는 금액이다. 따라서 거의 대부분의 고객은 사망보험금보다는 이 후유장애 보상금이 더 높기를 원한다. 그런데 그분은 정반대의 이야기를 하는 것이 아닌가? '후유장애 보상금이 왜 이렇게 높은 거냐. 사망보험금이 더 높아야 하는 거 아니냐'는 취지였다.

기도할 일이 없는 영업 방식

이런 너무도 이상한 상황에 대해서 처음에는 나도 몹시 혼란스러웠지만, 어머니의 눈빛에서 나는 그 이유를 찾을 수 있었다. 그냥 한마디로 이런 것이었다.

'그래, 네 상품이 좋은지 알겠어. 가격도 적당한 것도 알아. 근데 난 그냥 싫어!'

후유장애 보상금을 이야기했던 것은 그냥 딴지걸기에 불과했고, 그것도 자신의 무지를 여지없이 드러내는 어리석음이었다.

나는 정말로 참담했다. 애초부터 계약을 하고 싶지 않으면 2차 상담을 잡지 말던가, 아니면 비즈니스 자리라면 최소한의 예의를 갖추고 영업자를 대하든가, 정말로 '세상에는 이런 사람도 있구나'를 느꼈다. 상담이 끝나고 사무실로 돌아온 후 정성껏 준비했던 제안서를 쓰레기통에 처박고 생각했다. 도대체 왜 이런 일이 생긴 걸까? 내가 잘

못한 건 하나도 없는 것 같은데, 왜 나를 이런 식으로 대하는 것일까? 답은 딱 하나였다. 내가 '보험 영업'을 하는 사람이었고, 그래서 상대는 나를 '을'로 대했던 것이다.

하지만 초창기에 이런 나쁜 경험만 했던 건 아니었다. 이와는 정반대의 놀랍고도 감사한 경험도 했다. 그때도 고객은 내 친구의 어머니였다. 한 번의 트라우마가 있었던 터라 그날의 상담도 무척이나 긴장되었고, '이번에는 어떤 분일까?'라는 걱정이 앞섰다. 하지만 그분을 만나는 첫 순간부터 나의 걱정과 불안은 완전히 사라지고 말았다. 정성스럽게 준비한 디저트와 커피로 나를 맞아주셨고, 마치 나를 정말로 소중한 손님인 것처럼 대해 주었다. 보험 영업에 대한 그 어떤 편견도 없는 것 같았고, 내가 나이가 어려도 나를 한 명의 보험 전문가로서 대해 주었다. 그러니 대화가 잘 이루어지는 것은 너무도 당연했고, 그분은 본인의 궁금증이 하나씩 해소될 때마다 너무도 행복한 미소를 지었다. 한마디로 '티키타카'가 잘 이루어졌고, 계약이 자연스럽게 이루어진 것은 당연한 일이었다. 이런 고객이라면 어떤 어려움이 있어도 도움을 주고 싶다는 생각이 들 정도였다.

그 이후 여러 고객을 만나면서 한 가지 재미있는 사실을 발견했다. 편견을 가지고 사람을 대하고 무시하는 사람치고 잘사는 사람을 못 봤고, 상대방을 존중하고 배려하는 사람치고 못 사는 사람을 보지 못했다는 점이다. 누군가를 대하는 태도는 곧 자신의 삶을 꾸려나가는 아주 중요한 태도라는 이야기다.

중요한 것은 이 양극단의 고객을 경험하면서 소중한 결론 하나를 낼 수 있었다는 사실이다. 우선 나는 고객을 선택해서 만날 수가 없고, 고객의 성향에 따라서 내가 받는 대우는 하늘과 땅처럼 차이가 크다는 점이다. 하지만 그렇다고 해서 '오늘도 좋은 고객을 만나게 해주세요'라고 기도할 수는 없다.

그래서 나는 전혀 다른 결론에 다다랐다. 내가 고객을 선택할 수는 없으니, 차라리 내가 고객을 대하는 태도를 정해버리자. 그러면 그 어떤 고객을 만나더라도 나는 나의 기준, 나의 방식대로 영업을 할 뿐이니 휘둘릴 일도 없고 상처받을 일도 없을 것이라고 생각했다. 그때부터 나는 고객에게 휘둘리지 않겠다고 다짐했고, 그렇게 할 수 있도록 많은 노력을 기울여 나만의 영업 방식을 구축해 나갔다.

고대의 한 철학자가 이런 말을 했다고 한다.

"우리가 통제할 수 없는 것을 걱정하지 말고, 통제할 수 있는 것을 어떻게 다룰지에 집중하라."

나의 상황에 아주 딱 들어맞는 이야기가 아닐 수 없다. 나는 고객을 선택할 수도 통제할 수도 없으니, 그때부터는 그 상황에 대응하는 방식을 통제하기로 한 것이다.

어쩌면 내가 두 분의 친구 어머니인 최악의 고객과 최고의 고객을 만나지 않았더라면 아직도 여전히 고객에 휘둘리는 영업을 하고 있을지도 모를 일이다. 안타까운 점은 지금도 이렇게 을이 되는 영업법으로 고생하고 있는 영업자들이 너무도 많다는 점이다.

 가슴에 새길 TIP

- 내가 고객을 선택할 수 없다고 고객의 성향에 끌려다녀서는 안 된다.
- 최악의 고객에게 너무 실망하지 마라. 최고의 고객도 있게 마련이다.
- 객단가 낮은 동네 백반집이 되지 말고, 객단가 높은 고급 레스토랑을 목표하라.
- 통제할 수 없는 일이 있다면, 그것에 대한 대응 방식을 바꾸면 된다.

wwwww
고객을 현혹하려 하지 말고, 고충을 해결하려고 하라

"고객과 만나는 15초 동안에 기업의 운명이 결정된다."

- 얀 칼슨(사업가) -

세상에는 수많은 영업 노하우들이 존재한다. 그리고 이런 노하우들은 블로그, 유튜브, SNS에 많이 공개되어 있으며, 나 역시 이 책에서 이러한 노하우를 공개하고 있다. 물론 이러한 것들을 하나하나 모아서 자신만의 것으로 만드는 일은 매우 중요하다. 그런데 문제는 정작 중요한 '몸통'을 자신의 것으로 만드는 것이 아니라, 수많은 잔가지들만 자신의 것으로 삼고 있다는 점이다. 좀 더 효율적으로 자신의 영업력을 높이는 방법은 잔가지들보다는 몸통으로 접근할 필요가 있다. 결국 잔가지들도 이 몸통에서 나오는 것들이기 때문에 몸통을 장악하면 나머지는 자연스럽게 따라오기 때문이다.

그렇다면 우리에게 반드시 필요한 '영업의 몸통'은 무엇일까? 그것

은 바로 '고객을 어떻게 바라볼 것인가?', '고객은 나에게 어떤 의미를
지닌 사람인가?'라는 점이다. 이것은 우리가 을의 영업에서 벗어나는
최초의 출발점이 될 수 있다.

고객은 어떤 의미를 가지는가?

스페인이나 포르투갈 같은 나라들에서 많이 하는 투우라는 경기를
본 적이 있을 것이다. 동물 학대라는 비판도 있기는 하지만, 어쨌든 전
통적으로 이어져 온 경기인 것만큼은 틀림없다. 그런데 이 경기에서
투우사들이 마지막으로 소의 숨통을 끊는 순간을 '진실의 순간Moment
of Truth' 혹은 '결정적 순간'이라고 말한다. 이 용어가 마케팅 분야에서
차용되고 있다. 바로 회사의 직원이나 영업 담당자들이 고객을 처음
만나는 짧은 15초의 시간을 의미한다. 이때 고객은 기업의 서비스나
품질에 대해 강렬한 인상을 얻는다.

이러한 진실의 순간이 무엇보다 중요한 분야가 바로 영업이다. 고
객과의 첫 미팅이 바로 우리에게는 진실의 순간이다. 그런데 이 순간
을 결정하는 데 매우 중요한 것이 있다. 그것은 바로 '고객은 나에게
어떤 의미를 지닌 사람인가?'라는 질문이다. 여기에 아주 손쉬운 답이
하나 있다. 바로 돈이다. 고객을 돈으로 보는 영업자들은 꽤 많고, 사
실 현실적으로도 우리에게 고객은 돈이기도 하다. 고객이 지불하는

돈이 있어야 자신도 돈을 벌 수 있기 때문이다.

그런데 문제는 이런 식으로 고객을 바라보게 되면 영업자들은 끊임없이 고객에게 휘둘리면서 점점 지치게 되고, 고객으로부터 제대로 된 신뢰를 얻지 못하며, 그 결과 새로운 고객을 소개받을 수 있는 기회도 놓치고 만다.

우선 '고객은 돈'이라는 인식이 지나치면 고객을 현혹하려는 유혹에 빠질 수 있다. 빨리 계약을 해야 한다는 생각에 어떻게든 많은 보장을 약속하며 과장된 말을 하거나 자신이 지킬 수 없는 약속을 하게 된다. 게다가 빠르게 돈을 벌어야 한다는 생각에 고객의 빠른 반응을 이끌어내기 위해 저렴한 상품만을 제시하기도 한다. 물론 저렴한 상품은 그 나름의 장점도 있다. 하지만 이 세상에 '싸고 좋은 제품은 없다'는 점을 떠올려 보자. 분명히 단점이 있고 부족한 부분이 있기 마련이다.

자신이 보험회사 경영자라고 생각해보라. 사회봉사를 하는 것도 아닌데, 저렴한 상품에 엄청난 보장 내용을 넣어주겠는가? 그러니 싸고 좋은 제품이란 이 세상에 존재하지 않는다. 결국 고객은 나중에 사고가 생겼을 때 제대로 된 보장을 받지 못할 가능성이 커지고, 모든 불만은 영업자에게로 향하게 된다. 그러니 한 고객과의 관계는 거기서 끝나고, 새로운 고객을 소개받는 일도 힘들어지게 된다.

영업자가 지치는 이유

거기다가 계속해서 저렴한 상품만 계약하면 그에 따른 수수료도 낮을 수밖에 없다. 어떤 사람이 10건을 계약해서 100만 원을 벌 때, 저렴한 상품만 파는 사람은 100건을 계약해야 100만 원을 벌 수 있다. 열심히 뛰어가기는 하지만, 뒤로 가는 엘리베이터를 탄 것처럼 속도가 느리다. 게다가 에너지는 엄청나게 소모되기 때문에, 하는 일은 많은 것처럼 보이지만 정작 손에 쥐는 것이 없는 것처럼 느껴지고, 점점 지쳐간다. 고객을 돈으로만 보게 되면 이런 일이 생긴다는 이야기다. 과연 이런 사람이 계속해서 영업을 하고, 또 영업으로 성공할 수 있을까? 사람이 지치는 것은 열정이 부족해서일 때도 있겠지만, 아무리 노력해도 성과가 없을 때 지치는 경우가 더 많다. 결국 오래 가지 않아 이런 사람들은 포기할 수밖에 없게 된다.

나는 이와는 정반대로 고객을 바라본다. 나에게 고객은 돈이 아니라, '해결하고 싶은 고충을 가진 사람'이다. 자신에게 생길 수도 있는 건강의 문제, 사고의 문제, 생명의 문제를 간절히 해결하고 싶어 하는 사람이다. 이런 사람을 대할 때는 기본적으로 어떤 태도를 취하게 될까? 그의 마음을 깊게 이해하고 싶고, 미래에 걱정되는 것이 무엇인지 혹은 개인적으로 예상되는 것이 무엇인지 신중히 듣게 되며, 내가 할 수 있는 한에서 최대한 돕고 싶은 마음이 생긴다.

사실 나는 보험 영업을 처음 시작할 때부터 이런 마음으로 접근했다. 이 사람은 어떤 고충이 있을까를 생각했다는 점이다. 그렇다고 내가 '타고난 영업의 귀재'라는 말은 아니다. 과거의 경험이 나를 그렇게 이끌었기 때문이다.

나는 중학교 2학년 시절 축구를 하다가 오버헤드킥을 시도해 허리를 다친 적이 있었다. 하지만 나는 입원하기가 너무 싫었고, 그렇게 차일피일 미루고 있었다. 그때 어머니가 나에게 제안을 했다. 입원을 하면 하루에 5만원을 주겠다는 것이 아닌가. 2주만 입원하면 70만 원을 벌 수 있다. 어머니도 그렇게 넉넉한 편이 아닌데, 왜 그런 제안을 했는지 궁금했다. 나중에 여쭤보니 나에게 실손보험이 가입되어 있었는데, 만약 입원을 하면 하루에 15만 원이 나오는 계약 내용이었다. 그래서 어머니는 나에게 5만 원을 주실 수 있었다.

내가 보험이라는 것이 누군가의 고충을 해결해주는 것이라는 사실을 그때 처음으로 알았다. 늘 허리가 좋지 않았고, 거기다가 크게 다쳤을 때 느꼈던 나의 고충, 자칫 허리가 더 악화되면 어쩌지 하는 걱정을 안고 살았던 나의 고충이 보험을 통해 해결된 것이다.

고객과 나의 거울 뉴런 효과
바로 이런 경험이 고객에 대한 나의 태도를 만들었다. 그래서 지금도 고객을 대할 때면 보험으로 인해 허리의 고충을 해결했던 내 모습이 떠오르곤 한다. 고객은 결국 자기 몸의 고통, 마음의 불편함을 해소하기 위해 보험을 든다. 그러니 나에게도 고객을 존중하고 경청하며 문제를 해결해주려는 진심이 생길 수밖에 없다.

중요한 점은 내가 이런 태도로 고객을 대하면, 고객은 어떤 생각과 감정을 가지게 되는가이다. 당연히 고객도 나를 존중하고 경청하며 소중하게 대하는 태도를 가질 수밖에 없다. 과학적으로는 이를 '거울 뉴런 효과'라고 말한다. 자신이 보고 듣는 것에 매우 강한 공감을 하며 동일한 상태가 되는 것이다. 너무 무섭거나 슬픈 장면을 보면 마치 그 일이 자신에게 닥친 것처럼 두렵고 슬퍼지게 되는 것도 바로 이런 이유 때문이다.

결국, 영업자가 고객을 돈으로 보면 고객도 영업자를 '돈으로 휘둘러도 되는 사람'으로 보게 된다. 그러나 반대로 존중하고 경청하는 태도로 고객을 대하면, 고객 역시 영업자를 매우 신뢰할 만한 사람으로 대하게 된다.

그리고 나는 바로 여기에 '영업 노하우의 몸통'이 있다고 본다. 일단 이런 태도를 취하게 되면, 자연스럽게 잔가지의 영업 기술들을 자신도 모르게 터득할 수 있게 된다. 여기에 블로그나 유튜브에 나와 있는 영업 노하우를 공부하면, 마치 스펀지처럼 흡수되어 더 강한 영업력을 갖출 수 있을 것이다.

 가슴에 새길 TIP

- '고객은 돈이다'라고 생각하는 순간, 모든 영업력의 기본과 기준이 훼손되고, 정작 힘들어지는 것은 자기 자신이다.
- 고객을 현혹하려고 하지 말고, 고객의 고충을 해결해주려고 하라.
- 고객을 만나는 매 순간을 '진실의 순간'으로 여겨야 한다.
- 지치지 않고 장기전을 하고 싶다면, 처음부터 고객을 대하는 태도를 확실히 해야 한다.

소중한 사람을 지키기 위해서는 싸워야 한다

우리는 살면서 소중한 사람들을 위해 싸워야 할 필요가 있다. 그래서 나는 가끔 보험금을 지급해야 할 의무가 있는 보험사와 고객 사이에서 분쟁이 생기면 당연히 고객을 위해 싸움에 나선다. 물론 무조건 고객을 옹호하는 것이 아니라, 부당한 일을 당하지 않기 위해서이다.

한번은 임신한 고객이 산모실비 보험상품을 계약했다. 일반 실비 보험상품의 경우에는 고객이 산모가 되었을 시기에 생기는 여러 보상에 대해서는 보험금을 지급하지 않아도 되는 면책조건이 있다. 따라서 아무리 일반 실비가 있다고 하더라도 임신과 출산의 시기에 사고에 대비하기 위해서는 별도의 산모 실비를 들어야만 하는 것이다.

어느 날 만삭이 된 고객이 넘어지는 사고가 생겨 혹시 양수가 터졌을까 봐 급히 대학병원에 입원했다. 다행히 양수가 터지지는 않았고 하루 이틀 입원치료를 하고 나왔다. 그런데 이때 질병코드가 임신성 질환인 Z코드로 찍혀 있었다. 보통 임신성 질환은 대개가 O코드로 찍히고 극히 희소하게 Z코드가 찍힐 때가 있다. 하지만 Z코드든 O코드든 모두 임신성 질환이기 때문에 보험사에서는 모두 보상을 해야 한다. 문제는 보험사가 산모 실비에 있어서 Z코드가 찍힌 임신성 질환에 보상해본 적이 한 번도 없었다는 점이다. 따라서 보험사는 '이제까지 그런 전례가 없다'는 이유만으로 보상을 거절했던 것이다. 거기다가 이제까지 이런 사유로 인해서 설계사가 민원을 제기한 적도 없었기 때문에 보험사는 더 당당하게 지급을 거절했다. 분명히 지급을 해야 했음에도 불구하고 '이제까지 한 적이 없다'는 이유로 거절하는 것은 도저히 있을 수 없는 일이라고 판단했다. 결국 센터장과 몇 번 언쟁이 오간 뒤 나는 이렇게 통보했다.

"지금 이렇게 명분 없이 보험금 지급을 거절하시면 금융감독원은 물론이고 해당 보험사 민원센터에 연락하고 SNS에 공개하고 언론사에도 제보하겠습니다. 그때부터 모든 건 센터장님이 책임지셔야 합니다!"

센터장은 결국 15분 뒤에 다시 전화를 주겠다고 한 후 결국 보험금을 지급하기로 결정했다. 다만 이제까지 Z코드로 청구한 고객에게 지급한 사례가 단 한 건도 없었고, 이번이 최초 지급이기 때문에 다른 곳에 알리지 말아달라는 부탁을 했다. 이 말이 더 충격적이었다. 당연히 지급해야 하는 보상금인데 마치 선심을 쓰듯 지급한다는 생각이 들었기 때문이다.

이 일을 겪은 후 앞으로도 이렇게 부당한 경우를 겪는 고객을 더 많이 지켜주어야겠다는 생각이 들었고, 사명감으로 뿌듯해졌다.

상품을 팔지 말고,
전문지식을 팔아야 한다

**"성공은 단순히 돈을 버는 데 있지 않다.
그것은 자신이 맡은 일에 최선을 다하고 그 일의 가치를 높이는 데 있다."**

- 앤드류 카네기(사업가) -

영업 현장에서 갑과 을은 대체로 '누가 사는가'에 의해서 결정된다. 돈을 내서 사는 사람은 갑이 되고, 파는 사람이 을이 된다. 그런데 이러한 너무도 당연하고 상식적인 원리가 전혀 통하지 않는 곳이 있다. 바로 병원이다. 우리는 몸이 아프면 수많은 병원 중에서 선택할 수 있다. 여기에서 나는 치료비를 지불하니까 당연히 개념상으로는 갑이라고 볼 수 있다. 그런데 병원 문에 들어서는 순간 이 관계는 완전히 역전된다.

의사가 엑스레이를 찍어야 한다고 말하면, "잠깐만요. 다른 병원에서 엑스레이 찍는 비용이 얼마인지 한번 알아보고 결정할게요."라고 하는 사람은 없다. 주사를 맞을 때 간호사에게 "지금 놓는 주사는 다

른 병원보다 특별히 더 비싼 건 아니죠?"라고 묻는 사람도 없다. 돈을
내는 사람은 환자이며, 따라서 환자가 곧 갑인 것처럼 보이지만, 사실
병원에서는 완전히 을이 되어버린다. 심지어 의사가 오라는 날짜에
병원에 가야 하고, 가지 못할 때라면 반드시 전화를 해서 약속을 다시
잡아야만 한다.

왜 병원이라는 공간에서는 돈을 내는 사람이 갑이 되지 못하고 을
이 되는 것일까? 그 이유는 간단하다. 의사가 '전문지식'을 가지고 있
어서 나의 문제를 진단하고 해결책을 제시해주기 때문이다. 그렇다면
보험 설계사는? '전문지식'이라는 면에서만 본다면 사실 의사와 크게
다르지 않다. 보험에 관한 '전문지식'을 가지고 고객의 문제를 진단하
고 해결책을 제시해주기 때문이다. 내가 을의 입장이 아닌 갑의 입장
에서 영업을 할 수 있는 이유는 바로 여기에 있다.

사고를 당한 사람에게 절실하게 필요한 사람은?

'현대 자동차 산업의 아버지'라고 불리는 헨리 포드라는 사람이 있
다. 그는 포드 자동차 회사의 설립자이며, 대량으로 자동차를 생산할
수 있는 체제를 만들어 더 많은 사람이 자동차를 구매할 수 있도록 기
여했다. 그는 이런 이야기를 한 적이 있다.

"고객은 원하는 색상의 차를 가질 수 있다. 단, 그 색은 검정이어야

한다."

헨리 포드도 사실은 상품을 팔아야 하는 을이지만 철저하게 갑의 방식을 추구했다. 그는 "너희들은 검정색 차만 살 수 있어. 왜냐하면 내가 검정색 차만 만들기 때문이야"라고 당당하게 말한다. 그가 이렇게 대놓고 검정색 차 이외에는 만들지도 않고 팔지도 않았던 것은 그래야만 최적의 시스템을 유지하고, 최고의 제품을 제공할 수 있었기 때문이다.

세상의 모든 직업에서 자신만의 전문지식을 튼튼하게 갖추고 상대방이 필요한 것을 제시할 수 있다면 그 누구도 무시당하지 않는다. 그가 제품을 파는 사람이든, 서비스를 제공하는 사람이든 상관이 없다. 고객이 원할 수밖에 없는 최적의 상품 구성을 제시하면 결국 고객은 그 선택을 할 수밖에 없기 때문이다. 이러한 관점에서 나는 보험 영업의 본질을 이렇게 정의한다.

"보험 설계사는 전문지식으로 무장해 고객의 문제를 해결하는 사람이다."

우리는 보통 자신이 혼자 힘으로 해결할 수 없는 문제를 해결하도록 도움을 주는 사람을 어떻게 대할까? 말을 함부로 하고 을로 대접하고 무시할까? 절대 그렇지 않다. 아무리 못 배우고 돈 없는 사람이라고 하더라도 자신을 도와주는 사람에 대해서는 기꺼이 감사함의 대가를 치르려고 하고 도와줘서 고맙다고 말한다.

설계사가 바로 그런 도움을 주는 사람이다. 암 진단을 받은 고객은 가장 먼저 무엇을 찾아볼까? 갑자기 교통사고가 나서 허둥지둥할 때 가장 필요한 것은 무엇일까? 바로 과거에 들어놓았던 보험이다. 그리고 최소한 그 순간 만큼은 세상에서 가장 절실하게 필요한 사람이 바로 그 보험을 판매했던 설계사다. 이 사람들이야말로 유일하게 보상금 문제에 적극 개입할 수 있으며, 보험금이라는 든든한 돈을 안전하게 받을 수 있도록 해줄 수 있다. '전문지식으로 고객의 문제를 해결해주는 사람'인 설계사는 이토록 소중한 사람이고 중요한 존재이다.

스스로 시다바리가 되는 사람들

그런데 대부분 설계사들은 자신의 직업적 본질을 오해하고 있다. 자신을 그저 단순한 '상품 판매자'로 생각하고 있기 때문이다. 물론 외형적으로는 상품을 판매하는 사람이 맞다. 하지만 그것은 외형상 그렇게 보일 뿐, 설계사라는 업의 본질은 아니다.

〈미운 오리 새끼〉라는 동화를 알 것이다. 새끼 오리가 형제들에게 따돌림을 당하고 동료들에게도 거부당한다. 참다못한 오리는 먼 여행을 떠나게 되고, 시간이 흘러 물에 비친 자신의 모습을 보게 된다. 그때 자신은 오리가 아닌 백조임을 깨닫게 되고, 그때부터 행복하게 살아갈 수 있게 된다. 백조이면서도 스스로를 오리로 생각하는 사람들, 남들이 "너는 못난 오리야."라고 말하니 그것을 아무런 의심도 없이 믿는 사람이 바로 자신을 을로 생각하는 설계사들이다.

이렇게 자신의 모습을 제대로 보지 못하면 스스로 '시다바리'의 역할을 자처하기도 한다. 한 팀원이 고객의 MRI CD를 병원에 가져다주어야 하기 때문에 아침 출근이 늦을 것이라는 글을 단톡방에 올렸다. 고객이 보상금을 받기 위해서는 MRI가 담긴 CD를 병원에 주어야 할 때가 있는데, 이는 엄연히 고객이 해야 할 일이며 설계사가 해야 하는 일은 전혀 아니다. 하지만 그 팀원은 고객에게 '서비스'를 한다는 명분에서 스스로 잔심부름이나 하고 있었던 것이다. 물론 본인이 게을러서 아침에 제대로 일어나지 못한 핑계일 수도 있지만, 중요한 것은 이러한 잔심부름이 가능하다고 생각하니까 엄연히 이를 핑계로 대는 것 아닌가. 전문지식으로 승부해야 하는 백조가 스스로 시다바리하는 오리를 자처한 것이나 다름없다.

나는 처음 입사하는 설계사들에게 가장 먼저 이 부분부터 바꾸라고 말한다. '보험 상품 판매자'에서 벗어나고, '고객의 시다바리'가 되지 말 것을 간곡하게 당부하면서 관점을 완전히 바꾸어야 한다고 말한다.

이렇게 관점이 바뀌지 않으면 설계사는 연신 고개를 숙이고, 눈치를 살피고, 억지스럽게라도 설득하려고 한다. 하지만 나는 이렇게 하지 않는다. 나는 내가 마련한 상품을 '지시'하는 개념으로 제안한다. 그렇게 해도 영업이 되냐고? 당연하다. 누가 봐도 최적의 상품을, 최적의 구성으로 만들어 놓았는데, 누가 그 제안을 거절할 수 있겠는가?

물론 이렇게 하기 위해서는 많은 노력을 기울여야 한다. 공부도 많이 하고, 상품에 대해서도 아주 잘 알아야 한다. 고객의 예상 질문에 대해서도 꼼꼼하게 시나리오를 짜봐야 하고, 반대의 입장에서 어떻게 하면 고객이 완전히 설득될 수 있을지도 연구해야 한다. 거기다가 고객이 현재 가지고 있는 상품에서 어느 부분에서 손해를 보고 있는지도 면밀하게 파악해준다. 세상에서 손해를 보면서 사는 것을 좋아하는 사람은 없다. 자신이 더 많은 것을 얻지는 못해도 최소한 손해는 보고 싶지 않은 것이 대부분 사람들의 심리다. 설계사가 이 부분을 건드려주면서 그 손해를 커버해 주려고 한다면 이를 마다할 사람은 단 한 명도 존재하지 않는다. 이렇게 노력한 결과는 영업의 레벨을 완전히 다르게 만들어 준다.

나는 이러한 방법을 활용하면서 고객과 나의 관계를 완전히 뒤바꾸었다. 그리고 늘 계약이 끝나면 "감사합니다"라는 말을 들었고, 이후에도 좋은 관계를 유지해 나간다. 고객이 얕은 지식으로 의미 없는 요구를 하면 단호하게 "노NO"라고 말하기도 한다. 그것이 그들에게 좋은 선택이 결코 아니기 때문이다. 이러한 당당함을 가지게 되면 어느 순간 무례하고 건방진 고객과는 당당히 싸울 수도 있게 된다. 나는 그 사람이 아니어도 얼마든지 내 스스로 고객을 개척해 더 많은 계약을 체결할 수 있다는 자신감이 뒷받침되지 않으면 불가능한 일이다.

어떻게 보면 갑이 될 것이냐, 을이 될 것이냐는 순전히 자신의 선택이다. 전문지식을 갖추지 못하고, 고객을 압도할 만한 능력이 없으면 당연히 을로 살고, 을의 영업 방법을 써야 한다. 하지만 얼마든지 자신의 노력에 따라 이런 상황을 바꿀 수 있다. 단지 이러한 노력을 하느냐, 하지 않느냐의 문제일 뿐이다.

 가슴에 새길 TIP

• 영업이 힘들다고 하지 말고, 전문지식 없는 자신을 탓하라

• 상대방의 문제를 해결해주면 자연히 좋은 대접을 받게 마련이다.

• 고객이 보는 손해를 만회할 수 있도록 해주어라. 고객이 당신을 좋아하지 않을 리가 없다.

• 고객에게 거절할 수 없는 제안을 하라. 영업의 레벨 자체가 달라질 것이다.

wwwwww

고객을 끌고 갈 수는 없다, 단지 리드하는 것일 뿐이다

"대화는 단순히 언어의 교환이 아니라, 상대방의 마음을 들여다보는 기술이다."
- 루이제 린저(작가) -

앞에서 "고객에게 끌려다니지 말라."는 말을 많이 했다. 하지만 여기에서 오해를 할 수 있다. '그렇다면 고객을 끌고 가야 한다는 말인가?'라고 말이다. 물론 전혀 그렇지 않다. '과식하지 말라'가 '밥을 먹지 말라'는 의미가 아닌 것과 마찬가지다. 나는 정확하게 "고객을 리드하라."고 말한다. 리드하는 것과 끌고 가는 것은 하늘과 땅 차이다.

우리는 당당하고 합리적인 리더의 말을 듣고 고개를 끄덕이고 수긍하면서 자발적으로 그를 따르게 된다. 리더는 자율성을 기반으로 우리와 함께 하는 것이지, 우리를 끌고 가는 게 아니다. 고객과의 관계도 마찬가지다. 어떻게 영업자가 억지로 고객에게 계약을 하게 만들겠는가? 우리의 합리적이고 당당한 설명으로 스스로 수긍하고 계약서에 사인하게 만들 수밖에 없다. 그래서 영업자들에게 절실하게 필요한 것이 바로 '고객을 끌어가는 리더십'이라고 할 수 있다.

압도적인 노력이 리더의 자격을 부여한다

리더십이란 기업의 사장님들이나 혹은 조직이나 단체의 회장들에게만 필요한 것이라고 생각할 수 있다. 그래서 '영업자들에게도 리더십이 필요하다'고 말하면 역시 이 부분을 의아하게 생각하기도 한다. 영업자들은 고객에게 봉사하는 사람이라고 생각하는 경우가 대부분이지, 영업자가 고객의 리더가 된다고는 잘 생각하지 못하기 때문이다. 하지만 나의 영업 방식은 고객을 리드하는 리더십에 기반하고 있다. 그리고 이러한 방법을 활용하면 어떤 영업자든 훨씬 더 편하고 자유롭게 자기 일을 수행해 나갈 수 있다.

그렇다면 우리 영업자가 고객의 리더가 되기 위해서는 무엇이 필요할까?

우선 가장 기본적으로 자신의 가치를 높이려는 압도적인 노력이 있어야만 한다. 리더들은 대개 매우 높은 가치를 지닌 사람들이다. 학력이나 경험, 인격, 판단력이 탁월해야만 어디서든 '리더'라는 자격을 얻게 된다. 영업자들이라면 고객을 위한 노력, 지식, 커뮤니케이션 능력들이 종합적으로 만들어내는 가치가 높아야만 비로소 고객의 리더가 될 수 있다. 여기에서 '자신의 가치'라는 말이 다소 막연하게 들릴 수도 있다. 좀 쉽게 이해하기 위해서 한 달 월급으로 한번 계산을 해보자.

한국의 최저 임금은 한달에 200여만 원 정도이다. 한 달로 따지면 하루에 6만 7천원이다. 그러니까 최저 임금을 받는 사람의 하루를 돈으로 환산하면 약 6만 7천 원이 된다는 이야기다. 그렇다면 자신이 한 달에 1,000만 원의 가치가 있으려면 나의 하루의 가치는 33만 원이 된다. 최저 임금에 비하면 무려 5배라는 큰 차이다. 중요한 것은 바로 여기서부터이다. 과연 나는 최저 임금을 받는 사람보다 5배나 더 큰 노력을 하고 그만큼 높은 가치가 있냐라는 점이다.

자신이 들이는 정신적 노력, 신체적 노력 등이 그들보다 5배가 높은가를 반성해봐야 한다. 이 말은 곧 우리가 고객의 리더가 되기 위해서는 고객이 하는 직장생활, 고객이 맺고 있는 인맥, 고객이 해나가는 사회생활의 노력을 압도해야 한다는 의미이다. 고객보다 훨씬 많은 노력을 해야 하고 고객보다 훨씬 훌륭한 인맥을 맺고 있어야 하며, 고객보다 훨씬 더 나은 사회생활을 해야 한다는 의미이기도 하다. 이렇게 하지도 못하면서 자신이 많은 돈을 벌고, 고객의 리더가 되고 싶다는 생각은 얄팍하다 못해 사기에 가까운 일이다.

진정한 커뮤니케이터가 된다는 것

누군가는 나에게 고객 미팅을 위해 구체적으로 어떤 준비를 하는지 묻기도 한다. 하지만 나는 거의 준비를 하지 않는다. 개별 고객의 성향이나 신상을 파악하는 정도만 그때 그때 할 뿐, 구체적인 준비를 하지 않는다. 이 말은 곧 나는 언제, 어디서든 고객을 만나도 될 만큼 평소에 충분한 준비를 해두었다는 의미이다. 급하게 미팅이 잡혀서 만나더라도 문제에 대한 해결법을 가지고 있고, 순간 순간 고객의 상태를 파악해서 설명을 할 수가 있다.

이렇게 하기 위해서 나는 평소에 압도적인 노력을 한다. 내가 잘 모르는 분야에 대해서 따로 돈과 시간을 들여서 공부를 하고, 새로운 사회의 변화나 사람들의 트렌드를 알기 위해서 늘 촉각을 곤두세우고 있다. 1년이면 3천만 원 이상을 나를 위한 교육비로 쓰는 것도 바로 이런 이유 때문이다. 사실 나는 예전에는 학교나 학원이 아닌 곳에서 돈을 내고 공부를 하는 곳이 있는지조차 몰랐던 사람이다. 결국 내가 고객의 리더가 되기 위해서는 모든 면에서 고객보다 더 우위에 있어야 한다고 생각했다.

또 하나 매우 중요한 것은 커뮤니케이션 능력이다. 리더가 되는 일은 상호작용을 잘한다는 의미이기도 하다. 리더는 일방적으로 명령하는 사람도 아니고, 또 반대로 사람들의 말을 듣고 그대로 따르는 사람도 아니다. 만약 그렇다면 리더라기보다 하수인이라는 말이 더 정확할 것이다.

영업도 마찬가지다. 매우 정확하게 상호작용의 결과가 바로 영업이다. 나만 일방적으로 말해서 되는 것이 아니고, 고객만 일방적으로 나에게 요구할 수도 없다. 리더로서 영업자는 고객과 상호 작용에 매우 익숙해야 되고 그렇게 되기 위해 노력해야만 한다. 이를 가장 잘 나타내주는 말이 바로 '리더는 커뮤니케이터다'라는 말이다. 얼마나 커뮤니케이션을 잘하느냐에 따라서 리더의 역량이 결정된다는 이야기다. 여기에서 커뮤니케이션 능력이란 단순한 '대화의 기술'을 포괄하기는 하지만, 그렇다고 거기서 그치지는 않는다. 보다 정확하게는 상대의 마음을 공감하는 일이다. 상대방이 가진 느낌을 잘 헤아리고 이해하며, 동시에 자신의 마음도 표현해서 공감에 이르도록 해야 한다.

사람은 의외로 사소한 것에 감사해한다

우리나라는 자본주의다. 여기에서는 모든 시스템이 돈에 의해 돌아가게 된다. 하지만 나는 우리 사회가 돈만으로는 돌아가지 않는다는 생각을 많이 한다. 결국 자본주의 안에서도 사람 사이의 감정을 헤아리고 그 감정을 보살펴 줌으로써 내가 원하는 것을 얻을 수 있다. 사실 별것 아닌 것에도 사람은 의외로 감동하고, 사소한 일에도 감사해하는 경우를 많이 보았다. 말 한마디에 상대방에 대한 생각이 변하고, 작은 행동을 통해서도 누군가를 변화시킬 수도 있다. 그리고 이럴 때 비로소 '리더의 자격'을 얻게 된다.

그러나 이렇게 능숙한 커뮤니케이터가 되기 위해서 반드시 주의해야 할 것이 있다. 바로 '거짓 공감 표현'을 해서는 안 된다. 자칫 공감 능력이 필요하다는 이야기를 들은 영업자들은 진정성이 부족한 대화를 할 위험성이 있다. 표정이나 말투에서 진심이 느껴지지 않으면서도 "정말 안타깝다."라고 말하고, 상대방의 감정을 깊이 이해하려는 노력없이 그저 형식으로 "많이 힘들었겠습니다."라고 말한다. 이럴 때는 오히려 신뢰를 잃고, 감정적으로 단절될 수밖에 없다. 특히 사회 경험을 많이 한 고객일수록 이런 눈치가 더욱 빠르다. 그리고 이런 것을 느끼게 되면 마음을 문을 닫고야 만다. 이럴 때는 아무리 많은 지식과 경험을 가지고 있다고 하더라도 '고객의 리더'가 되는 일은 어불성설이다. 따라서 영업자라는 사람은 바로 '인간'에 대한 깊은 이해가 있어야 한다.

고객의 리더가 된다는 것이 쉬운 일은 아니지만, 그래도 일단 한번 그 위상에 오르게 되면 그 이후에는 매우 쉽고 효율적으로 일을 해나갈 수가 있게 된다. 혹시 '나에게도 이런 리더가 있으면 좋겠어'라는 생각을 해본 적이 있는가? 그렇다면 자신이 바로 그런 리더가 되어 고객

과 함께하는 일을 상상해본다면, 어떻게 내가 좋은 리더가 될 수 있는
지를 더 잘 알 수 있을 것이다.

 가슴에 새길 TIP

• 자신의 가치를 5배 높인다고 생각해보라. 반드시 당신이 버는 돈도 5배가 늘어날 것이다.

• 고객을 압도하는 노력을 내 생활에서 기울일 수 있을 때, 비로소 고객의 리더가 될 수 있다.

• 모르는 것이 있으면 배우고, 부족한 것이 있으면 채워라.

• 사람은 돈으로 움직이지 않고 상호작용으로 움직인다는 것을 기억하라.

wwwww

고객은 가격이 높아서가 아니라 기준을 몰라서 계약을 안 한다✦

———— • ————

"고객을 만족시켜라. 처음에도. 맨 나중에도. 그리고 항상."

- 루치아노 베네통(사업가) -

영업자에게 상담은 시작이자 끝이다. 일단 관심이 있는 고객과 상담을 시작하면서 비즈니스가 시작되고, 그 상담의 과정에서 소비자는 마음의 결심을 굳히고, 상담이 끝나면서 계약이 체결되기 때문이다. 따라서 영업자에게 상담이란 한마디로 '목숨 걸고 해야 하는 일'이지, 단순히 고객의 궁금증을 해결해주기 위한 한가한 대화가 아니라는 이야기다. 더 나아가 상담을 받을 때 고객은 수많은 생각, 판단, 결심을 하게 되고 그 과정에서 감정의 영향을 받게 된다. 따라서 이러한 부분들은 어떻게 적절하게 관리하느냐가 성공의 핵심 키포인트가 된다. 한마디로 영업자들이 해야 할 '상담의 기술'은 거의 예술이라고 해도 과언이 아니다. 만약 자신이 계속해서 계약에 실패하고 있다면 자신의 상담 기술부터 철저하게 다시 되돌아봐야 하는 이유 역시 여기에 있다. 고객이 상품에 대한 매력을 느끼지 못했다면, 그것을 제대로 알려주지 않은 영업자의 실책이 가장 크기 때문이다. 어떤 의미에서 봤을 때 고객이 최종 계약을 망설이는 이유는 상품 가격이 높아서가 아니라, 과연 그 가격이 맞는지에 대한 기준을 모르기 때문이라고 할 수 있다.

4가지 명확한 기준 제시

세상의 모든 소비자는 구매를 결정하기 전까지 한동안 고민을 하는 시간을 가지게 된다. 이 가격이 합리적인가? 나에게 충분히 도움이 되는 걸까? 지금 내 상황에서 무리하는 건 아닐까? 등등의 판단을 하게 된다는 것이다. 그런데 여기에서 영업자가 가장 중요하게 생각해야 할 것은 바로 '기준'이다. 사실 보험이란 매우 일상적으로 구매하는 상품이 아니다. 밥을 먹고 돈 내는 일은 하루에도 2~3번씩, 한 달이면 수십번씩 하는 구매 행위이다. 따라서 한끼 식사가 얼마인지를 듣게 되면 곧장 '뭐 이렇게 비싸?', '이 정도면 가성비 최고지!'라는 판단을 할 수 있다. 바로 자신만의 명확한 기준이 있기 때문이다. 하지만 보험 상품의 구매는 1년에 한두 번 할까 말까이다. 거기다가 일단 자신이 생각했던 포트폴리오가 충분하다고 생각하면, 10년이 지나도 다시 구매할 일이 없을 수도 있다. 그러니 고객이 이에 대한 명확한 자신만의 기준을 가지지 못한다는 이야기다.

기준이 제대로 서 있지 않으면 선택을 하는 일도 쉽지 않다. 따라서 영업자가 가장 먼저 해야 할 일은 바로 고객에게 명확한 기준부터 제시해주는 일이다. 기준이 없이 방황하는 고객에게 "이게 바로 기준입니다!"라고 말을 하게 되면, 그때부터 고객은 '아, 그러면 그 기준에 맞게 나의 상황을 반영해서 결정하면 되겠구나'라고 생각할 수 있기 때문이다. 그런데 고객의 선택을 돕기 위해서는 기준 제시만으로는 약간 부족하다. 기준의 제시와 함께 그것의 '의미'까지 함께 알려줄 필요가 있기 때문이다.

우선 기준을 제시한다는 것에 대해 알아보자. 나는 고객에게 플랜을 제시할 때 VVIP, VIP, MVP, SILVER라는 4가지 기준을 제시한다. 물론 각각 가격이 다르다. 예를 들어 각각 50만원, 40만원, 30만원, 10만원이라고 해보자. 여기까지 이야기를 듣는 고객은 우선은 자신의 선택에 대한 기준을 잡을 수 있다. '아, 그럼 50만원에서 10만원 사이에서 내가 결정하면 되는구나' 하고 사실을 인지하게 된다. 그런데 이것만으로 선택을 빠르게 할 수 있느냐 하면 그렇지는 않다. 지금 자신이 하는 선택의 '의미'를 모르기 때문이다. 이때 두 번째 설명이 들어간다.

"VVIP는 보험에 대한 의지력이 굉장히 강하신 분들이세요. 보통은 VIP랑 MVP를 많이 선택하시고요, SILVER는 최소한의 보장밖에 되지 않아요. 어떤 의미에서는 싸구려라고 볼 수도 있습니다."

여기서 '싸구려'라는 말이 좀 심하지 않냐고 할 수도 있지만, 사실 나는 정말 이렇게 말한다. 내가 봐도 싸구려기 때문이다. 여기까지 말하면 고객은 자신이 해야 할 선택의 '의미'까지 파악하게 된다. '내가 보험에 대한 의지력이 강한가?'라는 생각을 하면서 굳이 VVIP까지는 선택을 하지 않을 수 있고, 반대로 그렇다고 '싸구려'를 선택할 수도 없다는 생각에 SILVER도 선택하지 않게 된다. 거기다가 대부분의 사람들이 VIP와 MVP를 선택한다고 하니까, 자신도 둘 중에 하나를 선택하면 그래도 그리 나쁘지 않은 선택을 할 수 있을 것이라고 믿는다. 그리고 일단 이 상황만 되어도 고객의 선택은 훨씬 쉬워진다. 처음에는 아무런 기준도 없었던 상태이지만, 순식간에 선택지는 'VIP냐? MVP냐?'로 줄어들기 때문이다.

확실한 의미도 함께 제시하라

그리고 두 번째 설명이 들어간다.

"MVP는 뭐냐 하면요, 이제까지 고객님께서 30만 원 선에서 보험료를 유지하셨다면, 그 선을 유지하시는 거라고 보시면 됩니다."

그러면 이제 고객의 생각은 조금 더 단순해지면서 선택을 쉽게 할 수 있다. '이제까지 선을 유지할 거냐? 조금 넘을 것이냐?'가 되기 때문이다. 이 상태에서는 세 번째로 모든 것을 확정 짓는 마지막 멘트가 들어가게 된다.

"그런데 제가 고객님의 상황을 보기에는요, MVP보다는 VIP가 조금 더 혜택이 많을 것 같습니다. 금액은 한 10만 원 차이가 나기는 하지만, 보장 금액에서는 한 1,000만 원 차이가 나거든요."

이렇게까지 설명을 드리면 이제 고객은 거의 결단에 임박하게 된다. 이제 고객의 생각은 더 간단명료해진다. '자신이 1,000만원을 더 보장 받을 것인가, 말 것인가'를 결정하면 되기 때문이다. 중요한 점은 누구라도 이때의 선택지는 '1,000만원 보장'일 수밖에 없다. 그리고 최종적으로 계약을 하게 되면 고객은 나에게 "정말 고맙다"고 말하면서 기분 좋게 계약서에 사인한다.

물론 이 과정에는 상품에 대한 설명과 고객이 얼마나 혜택을 볼 것인지에 대한 설명이 이어지게 되지만, 이 모든 과정을 관통하는 핵심은 바로 '기준과 의미'를 명확하게 제시하고 이 길을 통해 고객이 편안하게 생각의 길을 걸을 수 있도록 해주는 것이라고 볼 수 있다.

그러나 이러한 4가지 플랜을 명확히 제시하는 것은 단순한 영업 스킬만이 아니다. 어떤 면에서는 고객에게 훨씬 더 많은 가치를 주기 위해서이기 때문이다. 과거에 한 고객에게 총액으로 월 25만 원 정도의 보험을 판매한 적이 있다. 그리고 이후 건강검진에서 용종이 생겨서 제거하는 수술을 했다고 해서, 당연히 내가 청구를 했다. 그런데 기껏 나오는 보상금이 20만원이었다. 간단한 수술이라고 하더라도 월 25만 원을 내면서 20만 원을 받는다는 사실이 내가 봐도 민망했다. 이렇게 보험을 팔아서는 안 되겠다는 생각에 그때부터 고객의 상황에 맞는 플랜을 짜기 시작했던 것이다. 보험료가 손해가 되지 않도록, 그리고 그로 인한 보상금이 민망하지 않도록 4가지 플랜을 통해서 다양한 사고 때 최대한의 보상금을 받을 수 있도록 내 나름대로 연구를 거듭했다.

그 결과 나의 VIP플랜에 가입한 고객의 경우, 보험료는 월 5만 원 정도가 높아지지만 용종 제거 수술을 받으면 400만 원을 받을 수 있도록 설계했다. 결국 나는 수수료가 높아져서 좋고, 고객은 보상금이 많아져서 서로가 좋은 윈-윈 게임을 만들어 낼 수 있다.

앞에서 '상담의 기술은 예술이 되어야 한다'라는 말을 했는데, 이는 단순히 '기가 막히게 상담한다'는 의미만은 아니다. 멋진 예술 작품을 보면 우리는 어떤 느낌이 들까? 신기하기도 하고, 위로를 받기도 하고, 또는 세상을 보는 또 하나의 관점을 얻기도 한다. 한마디로 특정한 가치를 느끼게 되고 그것이 나에게 이익으로 작용한다. 상담도 마찬가지다. 어떤 의미에서 고객 상담은 혼신의 힘을 다해서 고객에게 최대한의 이익이 되는 것을, 빠르고 편안하게 고객이 선택할 수 있도록 하는 것이라고 보면 될 것이다.

 가슴에 새길 TIP

- 누구라도 기준이 없으면 선택하기가 힘들다. 뭘 알아야 선택도 할 수 있을 것이 아닌가?
- 기준을 제시한 이후에는 그것의 '의미'까지 함께 알려주어야 한다.
- 이렇게 하면 생각의 숲에서 방황하던 고객은 자신만의 길을 찾을 수가 있게 된다.
- 상담의 기술은 단순히 스킬 차원에 머무르지 않는다. 고객을 위한 가치 제공, 바로 여기에 모든 핵심이 담겨 있다.

전문적인 용어도 쉽게 말해야 진짜 프로다

전문가들은 때로 자신들만이 아는 전문적인 용어를 사용해 대화한다. 일반인들이 볼 때, 그들이 정말로 전문가인 것처럼 느껴지기도 한다. 보험 업계에도 전문 용어가 상당히 많다. 처음 설계사 일을 시작하면, 이 전문 용어를 익히는 데에만도 상당한 시간이 걸릴 정도다.

그런데 이렇게 전문 용어를 공부하고 익숙해지면, 자신도 모르게 고객과 대화할 때도 전문 용어를 쓰게 된다. 이는 고객에게 전문적인 내용을 깊이 있게 설명한다는 인상을 줄 수 있다. 하지만 부작용도 있다. 고객은 처음에는 어려운 용어가 나와서 이해하려고 관심을 기울일 수는 있지만, 이내 집중하지 못하게 된다. 알아듣지 못하는 내용을 참을성 있게 계속 듣고 있을 고객은 많지 않기 때문이다. 따라서 최대한 쉬운 용어로, 그리고 비유나 사례를 통해 설명해 줄 필요가 있다. '고객의 눈높이를 맞춘다'는 말이 바로 이런 경우에 해당한다. 다만, 그렇다고 전문 용어를 아예 쓰지 말라는 이야기는 아니다. 반드시 알아야 하는 개념이나 특별히 중요한 부분에서는 전문 용어를 적절히 사용하는 것이 오히려 효과적이다. 이럴 때 고객은 짧지만 강하게 집중할 수 있다.

한 가지 꼭 알아야 할 점은, 고객이 설명을 듣고 이해했다고 해도, 뒤돌아선 후 그 내용을 모두 기억하고 있지는 않다는 점이다. 문제가 생겼을 때, 과거에 들었던 전문 용어를 기억해내어 이를 바탕으로 문제를 해결하는 고객은 드물다. 어차피 계약했던 설계사에게 문의하기 마련이다.

따라서 고객의 입장에서, 어렵고 생소한 단어들보다는 빠르고 쉽게 이해할 수 있는 용어로 설명하는 것이 중요하다. 그리고 마치 요리에 양념을 더하듯, 꼭 필요한 전문 용어를 적절히 섞어 사용한다면, 오히려 고객에게 더 신뢰를 받는 설계사가 될 수 있을 것이다.

'비싸다'라는 말에 가격을 낮추지 말고 '안전장치'를 제시하라

"당신이 원하는 것을 얻으려면, 다른 사람들이 원하는 것을 도와줘야 한다."

- 지그 지글러(사업가, 영업자) -

영업자들에게 가장 무서운 고객의 한마디가 있다. 바로 '비싸다'는 말이다. 사실 이 말은 매우 주관적인 느낌이기 때문에 아무리 반박하려고 해도 할 수가 없다. 누군가에는 엄청 비싼 가격이지만, 또 누군가에게는 그리 부담스러운 가격이 아닐 수 있기 때문이다. 어떤 식당에는 "고객이 짜다면 짜다."는 문구가 걸려 있다. 아무리 식당 주인이 "그거 안 짠 거예요."라고 말해봤자 소용이 없다. 고객이 짜다고 하면 짠 것이기 때문이다. 마찬가지로 고객이 내가 제시한 상품이 비싸다고 하면 뭐라고 할 도리가 없다. 그래서 이 말은 가장 대응하기가 힘들고, 따라서 무서운 말이 된다. 그렇다면 방법이 없을까? 전혀 그렇지 않다. 나 역시 이런 고객의 말에 어떻게 대응할까를 무던히도 고민했고,

그 결과 고객의 진짜 마음을 읽어내고 동시에 보험상품의 특성을 활용해 최적의 방패를 찾아낼 수 있었다.

고객에게 심리적 안정감을 주는 법

우선 '비싸다'라고 말하는 고객의 심리부터 살펴봐야 할 필요가 있다. 우리는 어떤 물건에 대한 구매 의욕이 전혀 없는데 '비싸다'라고 말할까? 사실 이런 말조차 하지 않는다. 그냥 아무 말없이 물건을 구매하지 않으면 된다. 혹은 그냥 "안 살래요."라고 말하면 끝이다. 하지만 비싸다고 말한 고객은 이미 '사고는 싶지만 비싸다'라는 심리상태라고 할 수 있다. 대체로 '상품도 괜찮고, 제시한 AS도 괜찮은 것 같은데, 가격을 조금만 더 싸게 해주면 안돼?'라는 의미이다. 물론 영업자는 여기에서 차선책으로 계약금을 조금 줄이면 금방 계약이 될 것 같다는 생각을 할 수 있다.

하지만 나는 이때 절대로 가격을 내리는 대안을 제시하지 않는다. 우선은 고객이 말하지 않는 마음을 드러내면서 역질문을 한다.

"지금 고객님이 하시는 말씀은 이 상품의 혜택도 좋고, 향후 AS처리도 좋은 건 알겠는데, 그럼에도 불구하고 가격이 조금 비싸다라고 들리는데, 이 말이 맞으실까요?"

내가 이렇게 묻는 이유는 '상품이 좋은 건 확실한 거죠?'를 다시 한

번 확인하는 과정이다. 그러면 대부분의 고객은 고개를 끄덕인다. 이런 고객이라면 약간의 명분만 주면 계약할 가능성이 매우 높다고 볼 수 있다. 이때에는 가격을 내리는 차선택이 아닌, 보험의 특성을 알려주면서 번거로운 일이 줄어들 수 있다고 설명한다. 실제로 보험의 특성상 계약 후에 금액을 줄이는 것은 가능하지만, 별도의 혜택을 늘리는 것은 불가능하다. 따라서 그때는 새로운 계약을 다시 체결해야 한다. 따라서 고객에게 이렇게 말한다.

"일단 계약을 한 뒤 2~3일 뒤에도 똑같은 생각이라면 얼마든지 환불 처리해드리겠습니다. 그리고 유지를 하시다가 2~3달이 지나도 여전히 비싸다는 생각이 들어서 연락을 주신다면, 얼마든지 일부 혜택을 줄여서 가격을 내려 드리겠습니다."

이런 말을 들으면 고객은 안심하게 된다. 2~3일 뒤면 언제든 해지할 수 있고, 또 그 이상의 시간이 흘러도 언제든 말만 하면 비싼 보험료를 줄일 수 있기 때문이다. 따라서 고객의 입장에서는 꼭 필요한 보험을 굳이 비싸다는 이유만으로 계약을 하지 않을 이유가 사라지게 된다. 실제 나의 경험상 대부분의 고객은 별문제 없이 계약을 하게 된다. 뿐만 아니라 2~3달이 지나가고 아예 보험을 해지하면 그 시간 동안 낸 보험료는 사라지게 되기 때문에 해지하는 고객은 거의 없고, 정말 비싸다고 여겨지면 약간 줄이는 과정을 거치게 된다.

그런데 이렇게 상담 과정에서 고객에게 안전장치를 주었음에도 불구하고 계속해서 "너무 비싸다."라는 말만 반복하는 사람이 있다. 이런 고객은 다소 완강하고 고집이 센 사람들이다. 이럴 때는 영업자도 좀 강하게 수치를 제시하면서 고객이 더욱 체감할 수 있도록 해야 한다. 예를 들어 이런 말이다.

"저는 고객님께서 건강검진 받으실 때마다 한 500만 원을 받으셨으면 좋겠는데, 이렇게 보험료를 줄이면 200만 원밖에 못 받으십니다. 그래도 보험료를 줄여서 계약하시겠어요?"

이런 말을 했음에도 불구하고 고집을 꺾지 않는다면 차라리 계약을 하지 않는 것이 좋다. 이런 고객은 자신만의 아집이 매우 강한 사람이고 설사 계약을 하더라도 언제든지 계약을 해지해도 이상하지 않은 경우가 대부분이기 때문이다.

솔직하게 영업하는 법

어떤 면에서 본다면 고객의 선택을 받아야 하는 영업자가 고객에게 너무 강하게 이야기하는 것이 아니냐고 볼 수도 있다. 실제로 멘탈이 약한 영업자들에게 이런 방법을 알려주면 매우 자신감 없는 모습을 보여주기도 한다. '과연 그래도 될까?'라는 생각이 들기 때문이다. 하지만 이런 사람들은 멘탈 자체가 약해서 그럴 수도 있지만, 근본적으로는 상품에 자신만의 가치를 담아내지 못하기 때문이다. 우리가 고객들에게 권하는 물건은 평생 쓸모 없는 물건을 억지로 손에 들려주고 살라고 하는 일이 아니다.

보통 우리는 명품관에 가서 "좀 비싼데 깎아주시면 안될까요?"라고 말하지는 않는다. 그렇게 비쌀 만한 충분한 가치가 있고, 어떤 면에서는 비싸기 때문에 사는 것이기도 하다. 거기다가 설사 고객이 이런 말을 한다고 하더라도 직원은 아주 자신있게 대처한다. '명품은 비쌀 만한 충분한 가치가 있으며, 그 가치가 고객님을 더욱 돋보이게 해준다'는 방식으로 말한다. 이렇게 하면 누구라도 설득이 되지 않을 수 없다.

명품 지갑과 동대문 시장에서 사는 지갑의 차이를 한번 생각해보자. 사실 본질적으로 돈이나 신용카드, 신분증을 보관하는 기능에서는 거의 차이가 없다. 그럼에도 불구하고 명품 지갑은 동대문 지갑보다 수백 배나 더 비싼 가격에 팔린다. 거기다가 할인 구매도 잘 하지 못한다. 정말로 나는 명품을 구매할 때 할인도 된다는 사실을 최근에야 알았다. 명품이라면 무조건 한꺼번에 결제해야 한다는 나의 생각은 어디에서 유래됐을까? 명품이 그만큼 큰 가치가 있다는 사실을 무의식적으로 느끼기 때문이다. 물론 보험 상품과 명품을 일방적으로 비교할 수는 없겠지만, 고객에게 특정한 가치를 제공하는 점에서는 똑같다. 그래서 영업자들도 자신이 가진 상품에 대해서 충분히 자신감을 가져야 하며, 그 자신감으로 고객과 승부를 내야 한다.

마지막으로 하나 추가할 수 있는 영업 노하우가 있다. 그것은 '나는 정말로 정직한 설계사다'라는 점을 어필하며 감동을 주는 방식이다. 일단 초반부에는 현재 가지고 있는 고객의 상품이 가진 손해 포인트들을 잘 짚어준다. 그런 사실을 몰랐던 고객은 놀라면서 상담 내용에 더 귀를 기울이게 된다. 하지만 나는 고객의 손해 포인트를 내 영업을 위한 도구로만 사용하지는 않는다. 오히려 여기에서 한걸음 더 나아간다.

"그런데 고객님, 사실 모든 보험은 시간이 흐르면서 다 시대랑 맞지 않는 약점이 발생하기 마련입니다. 매달 거의 모든 보험사에서 늘 새로운 보험상품이 출시됩니다. 이 말은 뭐냐 하면 지금 저랑 계약하시는 상품도 분명 시간이 흐르면 시대적으로 맞지 않는 단점이 생길 수 있다는 이야기입니다. 하지만 설사 그렇다고 하더라도 저는 특약을 삭제하거나 추가하는 걸로 보험료에 큰 변동 없이 조절해 드리겠습니다. 저는 제 상품이 최고라고 말하지 않아요. 대신 끝까지 책임지겠습니다."

이렇게 말하면 거의 대부분은 "와, 정말 솔직하시네요!", "진실되니까 너무 좋네요!"라고 감동하고 서슴없이 계약을 한다. 다만 이렇게 시간이 흘러서 다시 계약 내용을 조정하는 것은 정말 귀찮은 일이긴

하다. 머리도 써야 하고, 에너지도 많이 들어간다. 하지만 고객의 마음을 생각하면 충분히 할 수 있는 일이다. 거꾸로 생각해보라. 5년, 10년을 정성들여 보험을 유지해왔는데, 보험을 다시 갈아 엎어야 한다면 누구라도 화가 나지 않겠는가? 나는 계약 단계에서부터 그러한 일들을 최소한으로 하기 위해 노력하는 것이고, 그것이야말로 진정으로 고객을 위하는 일이라고 생각한다.

 가슴에 새길 TIP

- 가격에 가격으로 대응하는 일은 어리석다. 그 대신 안전장치를 제안하라.
- 고집이 너무 센 고객은 언제라도 해지할 수 있다. 차라리 포기하는 것도 방법이다.
- 비싸다고 생각하면서도 사는 물건이 명품이다. 보험도 그래야만 한다.
- 고객의 마음을 헤아리는 것, 그것이 진정한 영업 노하우다.

더 읽어볼 TIP

지금 고객은 나와의 상담을 지루해할까?

상담할 때에는 고객을 잘 관찰할 필요가 있다. 특히 눈은 '마음의 창'이라는 말도 있듯이, 고객의 심리상태를 가장 잘 반영하는 곳이기도 하다. 만약 영업자가 한창 설명을 하고 있는데, 고객의 눈이 좌우로 돌아가서 다른 곳을 본다면 이는 이미 집중을 하지 못하고 있다는 의미이다. 실제 신체 행동에 대한 연구 결과에서도 상대방이 아닌 다른 곳을 본다면 집중력이 저하되고, 지루하거나 관심이 없을 때에는 무의식적으로 눈을 상대방으로부터 돌리게 된다고 한다. 또 머리에 너무 복잡한 정보가 한꺼번에 입력될 때 부담을 줄이기 위해서도 눈을 좌우로 돌리는 일도 있다고 한다.

이때에는 빠르게 대화 내용에 변화를 주어서 고객이 다시 집중할 수 있도록 해야 하고, 상대방이 관심을 가질 내용을 말해주는 스킬이 필요하다. 또한 주어진 상황을 바꿔줄 필요도 있다. 고객의 물이나 음료 등이 떨어졌다면 이를 채워주면서 분위기 전환을 꾀해야 한다. 또 자신의 설명이 너무 장황하다 싶으면 "그래서 결론적으로 말씀드리면 첫 번째는 ~이고, 두 번째는 ~이라는 말씀입니다."와 같은 멘트가 도움이 될 수 있다. 반대로 고객이 무엇인가에 집중하거나 관심을 가지고 있을 때에는 눈동자가 좌우가 아닌 위아래로 움직인다는 사실도 함께 알아두면 좋을 것이다.

을이 되어 끌려 다니지 말고 갑이 되어 리드하라

NEW ATTITUDE FOR
YOUR SUCCESS

생각의
대전환

전복적인 생각이
완전히 다른 길을 열어준다

이제까지 믿었던 것을 의심하면, 몰랐던 것을 알 수 있다

"미친 사람들, 부적응자들, 문제아들… 세상을 다르게 보는 사람들. 그들이 세상을 바꾼다."

스마트폰을 만들어 세상을 바꾼 애플의 스티브 잡스가 살아 생전에 한 말이다. 그의 이러한 말은 가히 전복적인 사고가 아닐 수 없다. 실제로 나 역시 전복적인 생각을 하게 되면, 세상을 바라보는 전혀 다른 눈이 생긴다는 사실을 적지 않게 경험했다. 예를 들면 설계사를 '콘텐츠 사업자'로 바라보면 영업의 새로운 문이 열리고, 수요를 '창조하는 것'으로 생각하면서 실력의 도약을 이룰 수 있다.

우리는 학교를 통해 혹은 부모님, 주변 사람들을 통해 관점을 형성하면서 알게 모르게 고정관념을 가지게 된다. 모두 도덕적으로도 옳은 이야기고 지극히 상식적이기는 해도, 세상을 살아갈 때 정말로 힘이 되는 인사이트를 얻기란 쉽지 않다. 무엇보다 이런 인사이트는 현실의 벽을 돌파하는 과정에서 생겨나는 경우가 많기 때문에 처음부터 가지기도 쉽지 않은 일이다. 나 역시 아직 부족한 것이 많은 사람이지만, 최소한 내가 느낀 것에서부터 시작하면 세상과 일을 바라보는 더 나은 '전복적인 생각'을 할 수 있을 것이라고 본다.

설계사는 '콘텐츠 사업자'이며, '브랜드 사업자'이다

———— · ————

"브랜드란 당신이 자리를 떠난 뒤 사람들이 당신에 대해 말하는 것이다."

- 제프 베조스(아마존 창업자) -

《손자병법》이라는 책을 한 번쯤은 들어봤을 것이다. 이 책은 지금으로부터 약 2,500년 전 쓰인 책으로, 군대가 전쟁에서 승리하기 위한 다양한 전략과 전술을 담은 고전 중의 고전이다. 우리나라의 이순신 장군은 물론, 프랑스의 나폴레옹, 미국의 맥아더 장군도 이 책에서 깊은 영감을 받았다고 한다. 이 책에서 내게 가장 인상 깊었던 대목은 바로 '선승구전(先勝求戰)'이라는 구절이었다. 그 의미는 이렇다.

"이기는 군대는 먼저 이길 수 있는 상황을 만들어 놓고 싸우고, 지는 군대는 일단 전쟁을 일으켜 놓고 승리하는 방법을 찾는 군대이다."

처음 이 말을 접했을 때, 고개를 갸웃거렸다. 전쟁이라는 것은 실제 싸워봐야 이기고 지는 결과가 나오지 않는가? 그런데 어떻게 싸우기도 전에 이길 방법을 만들어 놓는다는 말이지? 좀처럼 이해가 되지 않았다.

그러나 시간이 흐르고, 나 자신이 콘텐츠와 브랜딩에 대한 경험을 쌓아가면서 이 '선승구전'의 진정한 의미를 깨닫게 되었다. 만약 고객이 나를 만나기 전에 이미 나에 대한 신뢰감이 있다면 어떨까? 상담이나 계약을 시작하기도 전에 고객이 나의 전문성과 진정성에 대해 긍정적인 이미지를 가지고 있다면 어떨까? 그러면 아마 고객과의 상담 과정은 단순한 형식적인 절차에 불과할 것이고, 성공적인 상담과 계약은 이미 성사된 것이나 다름없다. 바로 이것이 이길 수 있는 상황을 먼저 만들어 놓고 싸우는 것, 바로 선승구전이었다.

친구를 잃고 싶지 않은 마음

보험 일을 시작했을 때, 나는 단 한 번도 친구들에게 보험 계약을 부탁한 적이 없다. 그 이유는 내가 실력이 부족해서가 아니라, 소중한 친구들을 잃고 싶지 않았기 때문이다. 보험 업계에서는 '보험을 시작하면 인간관계가 자연스럽게 정리된다'는 이야기를 흔히 들을 수 있다. 그전까지 쌓아왔던 깊은 관계들이 보험 계약 한두 건 때문에 무너지기 때문이다. 설계사의 입장에서 자신을 위해 보험을 가입해주는 친구가 있다면 분명 고마움을 느낄 것이다. 하지만 계약을 해주는 친구의 마음은 다르다. '그래, 너와는 여기까지인가 보다'라고 생각할 가능성이 크다.

나는 그런 상황을 결코 맞닥뜨리고 싶지 않았다. 어릴 때부터 나는 친구들을 무척 좋아하는 사람이었다. 그래서 친구를 잃는 일이 두려웠고, 보험이라는 일 때문에 관계가 어긋나는 것을 감당할 자신이 없었다. 또한, 나는 친구들과 관계 속에서 만들어온 '노원명'이라는 나만의 이미지를 보험 계약 몇 건으로 소비하고 싶지도 않았다. 심지어 정말로 친구들에게 도움이 될 만한 상품이라고 생각되는 경우에도, 절대로 권하지 않았다. 언젠가 내가 보험 설계사로서 인정받는 날이 온다면, 그때는 친구들이 먼저 나를 찾아와 도움을 요청하길 바랐다. 친구들이 나를 신뢰하고, 보험 이야기를 먼저 꺼내면서 "보험은 원명이지!"라고 엄치척을 해주는 그때 비로소 진심으로 친구를 도울 수 있을 것이라 생각했다.

그런데 어느 순간, 바로 그런 날이 찾아왔다. 친구들이 먼저 나에게 전화를 걸어 보험에 대해 묻기 시작했다. 내가 상품을 설명하려고 하면, 자세한 이야기를 듣기도 전에 이렇게 말했다.

"원명아, 그냥 네가 하라는 거 할게."

그 말을 들었을 때, 뿌듯함이 차올랐다. 친구들을 잃지 않고도 내가 선택한 일을 지켜왔다는 사실이 무척 행복했다. 무엇보다 이제는 내가 친구들에게 진정으로 필요한 도움을 줄 수 있다는 점이 기뻤다.

　이런 단계에 접어들 수 있었던 것은 '콘텐츠의 힘'이 컸다고 할 수 있다. 나는 일을 시작하던 초창기부터 SNS 운영에 집중 투자했다. 나를 통해서 어렵게 보험금을 받게 된 고객의 사연과 스토리를 올렸고, 숨어있던 고객의 보험금도 찾아냈던 일을 자랑스럽게 올렸다. 또 보험 컨설팅을 통해서 매달 지불하는 비용을 줄이고, 혜택을 훨씬 많이 받은 고객의 사연도 올렸다. 심지어 나는 어머님이 수술을 받으실 때 수술실에서도 어머님과 셀카를 찍어 올렸다. 수술을 준비하던 간호사들이 "이런 곳에서 셀카 찍는 사람은 처음 봤다."고 말할 정도였다. 하지만 나는 그 순간조차도 내 삶의 일부로서 진솔하게 보여주고 싶었다. 아픈 어머니를 모시고 살아가는 설계사로서, 어머니를 대하듯 고객을 대할 것이라는 믿음을 주고 싶었기 때문이다.

무한정의 원오브뎀이 될 것인가?

　이러한 콘텐츠가 중요한 것은 우리가 판매하는 보험 상품이 완벽하게 무형의 제품이라는 점과 내가 파는 상품을 동일하게 파는 사람이 전국에 엄청나게 많기 때문이다. 어떤 면에서 보면 나라는 설계사는 고객에게 '무한정의 원오브뎀One of Them'이다. 어차피 고객은 첫 번째 설계사와 계약하든, 10번째 설계사와 계약하든, 100번째 설계사와 계약하든 상관이 없다. 동일한 상품이면, 보험료도 동일하고, 보장 내용도 동일하기 때문이다. 따라서 이 상태에서 나는 무색무취의 사람일 뿐이다.

그러면 내가 차별화되려면 어떻게 해야 할까? 바로 '나'라는 사람 자체를 팔아야 한다. 누구든 '이 사람과 계약하면 왠지 더 믿음직스러워' 하는 사람과 계약을 하고 싶고, 자신이 어렵고 힘들 때 든든하게 보호해줄 수 있는 사람과 계약하고 싶어진다. 이렇게 되면 나는 '무한정의 원오브뎀'이라는 악조건에서 탈출해서 '믿음직한 설계사 노원명'이라는 나만의 색채를 강하게 낼 수 있다. 이렇게 개인에 대한 콘텐츠가 점점 더 쌓이게 되면 그때부터는 나 스스로가 하나의 브랜드로 도약할 수 있다. 그리고 이렇게 쌓인 콘텐츠와 그 결과로 만들어진 브랜드야말로, 고객을 만나기도 전에 계약을 하는 선승구전의 전략이 아닐 수 없다.

화장품 업계에는 재미있는 이야기가 있다. 그 이름도 다 기억하지 못할 수백여 개의 브랜드가 있지만, 그 원료를 제조해서 제공하는 업체는 단 4개 뿐이다. 흔히 이걸 OEM 제품이라고 한다. 그런데 화장품 브랜드 회사와 이 OEM 회사의 차이는 콘텐츠이다. 브랜드를 가진 회사는 흥미로운 역사, 눈길을 끄는 케이스, 매력적인 광고 모델, 그리고 소비자의 감성을 자극하는 스토리텔링으로 소비자들을 유혹한다.

더 재미있는 사실은 화장품 내용물의 실제 가치보다 이를 담는 케이스의 제작 비용이 훨씬 더 비싸다는 점이다. 소비자들은 화려하고 정교하게 디자인된 케이스를 보고 그 브랜드의 고급스러움을 좋아하고 제품을 선택한다. 케이스가 비싸고 멋지다고 해서 내용물이 고객의 피부에 더 좋은 영향을 미친다고 볼 수는 없다. 그러나 사람들은 외부적인 요소에서 매력을 느끼고, 그 외적 요소가 제품의 실제 가치를 뛰어넘는 선택의 기준이 되기도 한다. 결국 소비자 심리를 이해하고, 그것을 만족시키는 것이야말로 시장에서 살아남는 핵심 비결이라는 점이다.

영업자들의 생존 비결도 바로 여기에 있다. 나 자신을 콘텐츠로 만들어 고객에게 매력적으로 어필할 때, 비로소 고객은 나를 선택해준다. 물론 자신만의 콘텐츠를 만들고 이를 지속적으로 쌓아가는 일은 결코 쉬운 일이 아니다. 한 번 SNS에 무언가를 올린다고 해서 바로 폭발적인 반응이 돌아오는 일은 있을 수 없다. 그래서 매일같이 콘텐츠를 만들고 업로드하는 과정이 마치 무의미한 노동처럼 느껴질 수도 있다. '내가 이런 걸 꼭 해야 하나?'라는 의문이 들 정도로 성과가 보이지 않을 때도 많다. 하지만 이 지루하고, 재미없고, 때로는 의미 없어 보이는 일을 꾸준히 반복하는 것이 자신을 브랜딩하는 가장 확실한 길이라는 점을 명심해야 한다. 무엇보다 꾸준히 노력하다 보면 어떤 사진이나 글이 반응이 좋은지 점차 알게 되고, 그에 따라 콘텐츠의 방향을 조정하며 개선할 수 있다.

설계사를 비롯한 모든 영업자는 '콘텐츠 사업자'이자 '브랜드 사업자'라는 사실을 결코 잊어서는 안 된다. 이를 통해 신뢰와 믿음, 그리고 명성을 획득한다면, 고객이 먼저 설계사에게 연락할 것이다.

 가슴에 새길 TIP

- 내 고객이 흥미롭게 여길 콘텐츠가 무엇인가를 끊임없이 연구해야 한다.
- 그리고 그 콘텐츠를 계속해서 쌓아나가면 그것이 곧 브랜딩이 된다.
- 내 브랜드가 탄탄하면 고객과의 미팅은 그냥 형식적인 절차라고 생각해도 된다.
- 무채색의 원오브뎀이 되지 말고 강렬한 자신만의 색채를 만들어가라

단순히 다르다고 차별화되는 건 아니다

브랜딩 과정에서는 반드시 '차별화'라는 것을 고려해야 한다. 전국에는 수많은 설계사들이 각자 개인 브랜딩을 통해 경쟁하고 있기 때문에, 이 속에서 또다시 돋보이기 위해서는 자신만의 차별화된 지점을 찾아야 한다. 차별화란 단순히 남들과 다르다는 것을 의미하지 않는다. 이는 자신만이 가진 독특한 강점이나 특징을 기반으로 고객들이 원하는 특별한 가치를 제공하는 데 초점을 맞춰야 한다. 중요한 것은 그 방향이 업종의 본질과 맞아야 한다는 점이다.

그렇다면, 설계사로서 우리가 고객에게 제공해야 할 궁극적인 가치는 무엇일까? 고객들이 진정으로 원하는 것은 무엇일까? 예를 들어 명품 의류나 액세서리는 화려함, 고급스러움, 그리고 개성으로 차별화를 이룬다. 하지만 이런 방향은 설계사의 차별화 지점이 될 수 없다. 설계사가 아무리 화려해 보이고 고급스러운 옷을 입는다고 고객이 계약을 하지는 않기 때문이다.

설계사가 차별화해야 할 핵심 가치는 바로 '안전함'이다. 고객은 보험 상품을 통해 자신의 삶에 예기치 못한 일이 발생했을 때 안정적인 보상을 받을 수 있기를 원한다. 또한, 자신에게 필요하지도 않은 보장을 비싸게 계약하는 일은 피하고 싶어 한다. 이는 고객이 영업사원에게 바라는 가장 중요한 부분이며, 우리가 고객에게 제공해야 할 핵심 가치이기도 하다. 고객이 나를 통해 계약을 진행할 때, 자신이 합리적이고 적절한 결정을 내렸다는 확신을 가질 수 있도록 하는 것이 진정한 브랜드 차별화이다.

부자가 되려면 빨리 부자가 되고 싶은 마음부터 버려라

> "빨리 부자가 되는 유일한 방법은
> 빨리 부자가 되지 않으려는 마음을 갖는 것이다."
>
> - 김승호(사업가) -

세상의 모든 사람이 일을 하는 많은 이유 중의 하나는 바로 돈이다. 매일 아침 출근하는 시간에 오늘 하루 벌 수 있는 돈을 생각하며, 말일에는 이번 달에 번 돈을 계산하고, 매월 초에는 이번 달에 필요한 돈을 염두에 둔다. 특히 영업을 직업으로 선택했다면 이러한 돈 계산에 더 철저해진다. 이렇게 돈을 중심에 놓고 목표를 세우고 실천해나가는 일은 동기부여를 위해서는 나쁠 것이 없지만, 문제는 자칫 선을 넘으면 '돈에 끌려다니는 삶'이 된다는 것이다. 이런 상태에서는 내가 돈을 부리는 주인이 되는 것이 아니라, 돈에 휘둘리는 하인의 상태가 되어버린다.

영업자에게 이런 것이 더 큰 문제가 되는 이유는, '한푼이라도 더 벌어야지'라는 생각을 하는 순간, 결국 '한푼 두푼 챙기는 삶'에 머무르게 되기 때문이다. 티끌모아 태산이라는 옛말이 있지만, 오늘날처럼 속도가 따르게 변하는 시대에는 현실과 다소 거리가 멀다. 아무리 산더미처럼 폐지를 주워 리어카에 실어 담아도, 결국 산더미 같은 푼돈일 뿐이다.

돈에 관한 큰 착각

돈을 쓰고 있으면서 돈을 벌고 있다고 착각하는 경우가 많다. 소비와 수입은 정반대의 경제 활동이라는 것을 누구나 알고 있으면서도 왜 이런 착각이 생기는 것일까? 예를 들어 10만 원짜리 물건이 있는데, 당근마켓에서 8만 원에 팔고 있다고 해보자. 어떤 사람은 이 물건을 사면서 "와, 2만 원 벌었네" 하고 즐거워한다. 물론 표면적으로만 보면 그렇게 말할 수 있다. 그런데 사실 이게 말이 되지 않는다. 그는 2만 원을 번 것이 아니라 8만 원을 쓴 것이기 때문이다. 마트의 원플러스원(1+1) 구매 상품도 마찬가지다. 여기에 혹해서 필요하지도 않은 물건을 사면서 마치 하나를 공짜로 얻은 것처럼 생각하지만, 실제로는 사지 않아도 될 물건을 구매하는 것이다. 한마디로 돈에 대한 놀라운 착각이다.

더 놀라운 이야기가 있다. 예를 들어 사과를 파는 사람이 "이 사과

왜 이렇게 맛이 없어요?"라는 이야기를 들으면 대개는 사과의 품질과 당도의 문제라고 생각하고 더 맛있는 사과를 찾기 위해 노력하게 마련이다. 하지만 어떤 사람은 눈을 동그랗게 뜨고 이렇게 반문한다.

"이게 지금 하나에 3,000원인데, 백화점에서는 얼마에 파는지 아세요? 2만 원이에요. 2만 원!"

이런 이야기를 듣는 사람은 '맛이 없어도 가격이 싸니까' 얼마나 다행인지를 모른다고 생각한다. 하지만 이는 본말이 전도된 것이다. 백화점에서 얼마에 파는 것이 뭐가 중요한가? 정작 중요한 것은 지금 내가 먹는 사과가 맛이 없다는 점이 아닌가?

이러한 이야기들은 돈 그 자체에 초점을 맞추고 있을 때 생기는 착각들이다. 돈에만 포커스를 맞추게 되면 내가 당장 쓰는 8만 원이 눈에 보이지 않고, 필요 없는 물건을 구매하는 것에 대한 인식도 사라지고, 내가 당장 먹고 있는 사과의 맛을 상관하지 않게 된다. 하지만 돈에 초점을 맞추지 않으면 비로소 모든 것이 드러나게 된다.

그런데 이런 일들이 영업자들에게는 수시로 발생한다. 돈에만 너무 포커스를 맞추고 돈을 너무 소중하고 아쉽게 생각하는 순간, 그것이 머릿속에 입력이 돼서 그것을 놔주지 못하게 된다.

빨리 부자가 되는 법?

설계사들은 월말이 되면 자신의 한 달 수수료에 대해서 감을 잡게 된다. 하지만 정확하게 계산하는 사람은 그리 많지 않다. 거의 대부분 "뭐 한 300만 원 될려나?"라거나 "뭐 250이나 300 사이일 거야."라고 답한다. 하지만 이 부분에서 거의 천재적인 능력을 발휘하는 친구들이 있다. 예를 들어 "아마 3,215,670이 될 거야."라고 말한다. 1원 단위까지 미친 듯이 정확하게 계산하면서 뿌듯해한다. 하지만 나는 이런 열정이 참으로 대단할 정도로 멍청하다고 본다. 바로 그것이 돈에 끌려다니는 매우 중요한 징표라고 생각하기 때문이다.

우리가 돈에 포커스를 맞추는 순간, 가장 중요한 요인인 고객이 사라지고, 서로에 대한 신뢰가 안중에도 없어지기 때문이다. 당장 지금의 계약을 성사시키기 위해 노력을 쏟아부을 수밖에 없기 때문이다. 그렇게 되면 정작 나중에 발생하는 일에 대해서는 무심하게 되고 막상 문제가 발생하면 당황하고 자신의 잘못을 회피하려고 한다.

과연 이런 설계사가 장기적으로 큰 돈을 벌 수 있을까? 나를 그럴 리가 없다고 생각한다. 돈에 얽매이는 순간, 돈에만 매몰되어서 정작 자신이 하고 있는 일의 본질이 무엇인지, 어떻게 꾸준하고 장기적으로 고객을 만들어나갈지 고민하지 못하기 때문이다. 이런 경우에는 청약 철회가 자주 발생해서 오히려 설계사의 수수료에 큰 영향을 미치게 된다. 물론 고객의 사정이 갑자기 어려워져서 보험금을 낼 수 없는 상황에 이르렀을 수도 있지만, 대부분은 깊은 고민을 하지 않고 설계사의 말에 현혹되어 계약을 했기 때문에 나중에 후회하면서 철회하게 되는 것이다. 돈에만 포커스를 맞춘 영업 방법이, 결국 내 돈을 줄이는 패착이 된다는 이야기다. 이는 '한푼이라도 더 벌어야지'라는 박리다매의 함정에서 빠져나오지 못했을 때 생기는 결과라고 할 수 있다.

더 큰 문제는 설계사가 돈에 얽매이는 모습을 보일 때 고객에게 드는 생각이다. 고객은 그런 설계사는 '참, 열심히 사는 사람이구나'라고 생각할까? 나는 정반대로 '정말로 먹고 살기 힘든가 보다' 혹은 '저런 사람을 믿고 내가 보험을 들어도 되는 것일까?'라고 여긴다고 본다. 결국 '돈, 돈, 돈' 하는 태도는 오히려 돈을 버는 데에 장애물이 된다.

요즘 젊은 사람들 사이에서는 영&리치**Young&Rich**라는 말이 유행이다. 젊어서 큰돈을 벌고 성공을 거두고 싶다는 의미이다. 물론 이 자체가 문제가 되지는 않는다. 나 역시 영&리치가 되고 싶기 때문이다. 하지만 이것은 그에 합당한 노력을 기울일 때 이루어지는 것이지 오로지 돈에만 집착한다고 해서 이뤄지는 것은 아니다. 오히려 진정한 부자가 되는 길에는 방해가 될 뿐이다.

차근차근, 하나씩

연 매출 1조 원에 이르는 외식 기업인 스노우폭스사의 김승호 대표가 쓴 책《돈의 속성》에는 이런 말이 나온다.

"빨리 부자가 되는 유일한 방법은 빨리 부자가 되지 않으려는 마음을 갖는 것이다."

이 말은 진중한 노력이나 전략이 없이 조급하게 부자가 되려는 마음을 버리라는 의미이다. 만약 그렇지 않을 경우에는 편법에 눈을 돌리게 되고 여유와 균형이 깨지게 되고, 그 결과 잘못된 판단을 하는 일이 자주 생기기 때문이다. 그렇게 해서는 결국 진정한 부자가 되는 원동력을 잃을 수밖에 없다.

내 주변에 성공한 대부분의 사람들을 보면 '차근 차근, 하나씩'이라는 단어가 떠오른다. 벼락 부자란 존재하지 않는다. 그들은 0의 단계에서 30으로 가서 탄탄하게 기반을 쌓고, 그다음에는 다시 50이 되어 또 한 번 단단하게 만든다. 그리고 충분히 다져진 다음에 비로소 70, 100에 이른다. 무엇 하나 서투르게 된 것이 없고, 피땀이 서려 있지 않은 것이 없었다. 그렇게 해서 이뤄낸 70, 100은 또한 쉽게 무너지지 않는다는 특징도 있다. 어렵게 만들어왔으니, 웬만한 풍파에 흔들리지 않는다는 이야기다. 돈이라는 것, 성공이라는 것도 역시 마음에서 시작된다는 사실을 잊어서는 안 된다.

가슴에 새길 TIP

- '돈은 좋은 하인이지만, 동시에 나쁜 주인이다'라는 말이 있다. 내가 어떤 태도를 취하느냐에 따라 돈이 나를 휘두를 수가 있다.
- 빨리 돈을 벌고 싶다는 마음은 이해하지만, '어떻게 해서든' 빨리 벌고 싶다는 마음은 버려야 한다.
- 돈에 얽매이는 설계사를 보는 고객이 어떤 생각을 할지 생각해보라.
- 고객에 집중하라. 그러면 돈은 저절로 따라올 것이다.

수요란 '있는 것'이 아니라 '창조하는 것'이다

"고객이 원하는 것을 제공하면, 그들은 다시 찾아올 것이다"
- 샘 월튼(사업가) -

영업을 하는 사람들에게 '불경기'라는 말은 참 편한 도피처가 된다. 아무리 실적이 좋지 않더라도 '불경기'를 탓하면 되기 때문이다. '불경기라 사람들이 돈이 없는데 어떻게 보험을 들겠어?' 혹은 '불경기 때문에 돈이 안 돌아 그저 먹고 살기에 급급한데 어떻게 보험을 하겠어?'라고 생각하면 형편없는 실적에도 마음이 다소 편안해진다. 하지만 이미 세상은 수십 년째 불경기다. 내가 고등학교 때에도 뉴스에서는 늘 불경기라고 말했다. 요즘도 불경기임이 틀림없다.

그런데 좀 이상하지 않은가? 잘되는 식당은 여전히 줄 서서 기다리면서 먹어야 하고, 잘나가는 회사는 더욱 잘 나간다. 설계사도 마찬가지다. 똑같은 불경기인데 여전히 매달 꼬박꼬박 1,000만 원을 넘는 수

전복적인 생각이 완전히 다른 길을 열어준다

205

수료를 챙기는 사람들도 있다. 결국 문제는 불경기에 있지 않다는 점이다. 설계사가 실적이 형편없는 이유는 '수요를 창조하지 못하기 때문'이라고 생각한다. 물론 처음에는 이 말이 이해가 잘 되지 않을 수도 있다.

"수요라는 것이 사람들이 원해야 있는 거지 그걸 어떻게 창조한다는 말이야?"

하지만 수요를 창조하는 방법은 반드시 있고, 이것을 아느냐 모르냐에 따라서 결국 영업의 성패가 결정 나게 되어 있다.

보험은 상품을 설명하는 일이 아니다

가끔 친구들 중에 보험 영업을 매우 쉬운 직업이라고 생각하고 내게 문의를 해오는 경우가 있다. 자신도 보험을 할 수 있느냐는 것이다. 물론 얼핏 보면 보험 영업이 쉬워 보일 수도 있다. 상품이야 회사에서 만들어주는 것이고, 보상금 지급도 회사에서 하는 것이니까, 설계사는 그저 팔기만 하면 되기 때문이다. 물론 파는 일 자체도 쉬운 건 아니겠지만, 처음부터 맨땅에 헤딩하는 일도 아니고, 내 주머니에서 돈이 나가는 일도 아니라는 점이 보험영업을 쉽게 보는 이유가 된다. 하지만 나는 늘 친구들에게 이렇게 말해준다.

"영업이란 게, 단순히 네가 생각하는 것처럼 상품을 보여주고 장점을 설명하는 일이 아니야. 특히 보험 영업은 눈에 보이지 않은 미래 가치를 형성하는 거라서 고객과의 커뮤니케이션도 중요하고, 컴플레인 생겼을 때 해결하는 능력도 중요하거든. 그런데 그럼에도 불구하고 욕을 먹는 직업이기도 해. 거기다가 고객을 무한정 생성해야 하거든? 식당은 단골이 있으며 한정된 고객으로도 먹고 살잖아? 한 고객이 한 달에 두 번만 같은 식당에 가도 1년에 24번은 가잖아. 그런데 매년 24개씩 보험을 드는 고객이 있겠냐? 그러니까 보험을 직업으로 가지는 순간 고객을 끊임없이 생성해야 한다는 점을 알아야 돼. 딱 일주일만 내 말을 생각해보고, 그래도 하고 싶다면 다시 연락줘."

이 이야기를 들은 거의 대부분의 친구들은 보험 영업을 시작하지 않는다. 너무도 어려운 일처럼 느껴지기 때문이다. 하지만 내가 친구들에게 했던 이야기에는 사실 내가 영업을 성공시키는 비결이 고스란히 담겨 있다. 특히 주목하면 좋은 단어는 '눈에 보이지 않는 미래가치'와 '고객의 무한 생성'이라는 말이다. 이런 말이 어려워보이고 실천하기 힘들 것이라고 생각할 수 있지만, 사실 전혀 그렇지 않다. 어떤 면에서는 너무도 상식적이고 누구나 실천하기 쉬운 일에 불과하다.

세계 최고 기업가의 조언

샘월튼이라는 사람이 있다. 미국에서 제일 유명하고 큰 소매점인

'월마트'를 창업한 사람이다. '20세기 최고의 기업가'라는 평가를 들을 정도로 대단한 사람이다. 지금은 '아마존'이 대세이지만, 과거에는 월마트가 거의 아마존급이라고 보면 될 것이다. 그런데 그가 한창 사업을 운영하던 1980~1990년대에도 불황이었다고 한다. 그가 한국에서 출판한 책의 제목이 바로 《샘 월튼 불황없는 소비를 창조하라》이다. 과연 어떻게 불경기에 소비를 창조한다는 말일까? 그의 말은 의외로 쉽게 이해된다.

"고객이 원하는 상품을 제공하라."

어쩌면 너무도 당연한 말이라서 허탈할지도 모르겠다. 하지만 여기에 모든 사업의 성공 비결은 물론이거니와 설계사들의 성공 비결도 담겨 있다.

설계사들은 미팅을 할 때 고객의 말을 잘 듣지 않고 주구장창 자신의 이야기를 한다. 자신이 준비해온 상품이 뭐가 좋은지, 왜 좋은지를 떠들어대는 것에는 익숙하지만, 정작 고객이 어떤 상품을 원하는지, 그리고 고객의 입장에서 본질적으로 원하는 것이 무엇인지에 별로 신경쓰지 않는다. 그러니 정작 고객이 내심 원하는 상품을 제공할 수가 없는 것이다.

한번은 내가 팀원을 데리고 고객 미팅에 나선 적이 있었다. 경험이 많지 않아서 배울 기회를 주기 위해서였다. 그런데 미팅이 끝난 후 나에게 이런 소감을 밝혔다.

"팀장님, 되게 신기하네요. 어떻게 그런 식으로 고객에게 접근하세요?"

하지만 내가 고객과 소통하는 방법이 그다지 신기한 것은 아니다. 나는 처음부터 팔고 싶거나, 팔아야 하는 상품에 대한 이야기를 절대 꺼내지 않고 우선 고객의 이야기를 듣는다. 그러면 고객은 보험과 관련된 이야기를 술술 풀어 놓는다. 자신이 왠지 손해 보고 있다는 느낌이 드는데 그게 맞는지, 혹은 자신이 뭔가를 케어받고 싶은데, 그런 상품이 있는지를 묻기도 한다. 나는 고객의 이야기를 충분히 들은 다음에야 고객이 원하는 방향에 맞춰서 상품을 제안한다. 그리고 이 상품이 앞으로 고객이 살아가면서 어떤 가치를 지니는지를 설명해준다. 고객이 어려움에 처했을 때 어떤 도움이 되는지, 그래서 그게 인생에서 어떤 의미를 가지는지도 알려준다. 바로 이런 부분이 '눈에 보이지 않는 미래가치'를 주는 일이다. 보험이란 실물이 없는 제품이기 때문에 이러한 가치로 승부해야 한다.

내가 이렇게 하는 이유는 간단하다. '고객이 원하는 상품'을 제공하기 위해서다. 그리고 이러한 간단한 고객 미팅 방법으로 고객이 원하는 상품만 줄 수 있다면 '고객의 무한 생성'은 그리 어려운 일이 아니게 된다.

사실 보험은 '신뢰 산업'이기도 하다. 보험업의 특성이 신뢰 산업이기도 하지만, 고객의 개인적인 차원에서 신뢰가 가는 설계사는 소개받고 싶어 한다. 그래 딱 100명의 고객에게 신뢰를 받게 되면 그때부터 고객의 무한 생성은 자동적으로 이어진다. 소개가 소개를 낳고, 연결이 연결을 낳기 때문이다.

불경기는 절대로 영업을 방해하는 요인이 아니다. 오히려 새로운 기회와 수요가 폭발하는 시기라고 봐야 한다. 코로나19 펜데믹이 경제에 엄청난 타격을 줬다고 하지만, 그때 비대면 배달 서비스, 온라인 쇼핑, 넷플릭스 같은 스트리밍 서비스, 줌과 같은 화상회의 서비스 등은 폭발적으로 성장했다.

경쟁 설계사가 불경기를 탓할 때

보험도 마찬가지다. 특정 시기, 특별한 이벤트와 맞물리면 오히려 고객의 수요를 촉발해서 더 매력적인 상품을 판매할 수가 있다. 여행 시즌이 다가오면 여행자 보험에 대한 수요가 늘어나고, 건강 검진 시즌이 다가오면 실손의료보험에 대한 관심이 늘어난다. 여름철 태풍이 다가오면 재난보험에 대해 관심을 가지는 고객들도 적지 않다.

'생명과 안전에 대한 고객의 관심'은 지구상에 인류가 존재하는 한 계속 이어진다. 자신에게 돈이 없다고 보험을 쉽게 포기하지도 않는다. 그 누가 '나는 돈이 없으니 병이 생겨도 할 수 없지 뭐'라고 생각하지 않는다. 오히려 정반대로 '나는 몸이 재산이니까 꼭 보험을 들어놔야지'라고 생각한다.

이제 머리에서 '불경기'를 잊는 것이 진짜 불경기에 기회를 만들어내는 방법이다. 다른 많은 경쟁 설계사들이 불경기를 탓하면서 '이런 시기에 누가 보험을 들겠어?'라고 자기 위로를 하고 있을 때, 수요를 창조해내는 설계사는 더 큰 도약을 할 수 있기 때문이다.

 가슴에 새길 TIP

- 가장 중요한 것은 설계사가 상품을 설명하는 일이 아니다. 고객의 이야기를 듣는 일이다.
- 고객이 절실하게 필요로 하는 것을 주면, 고객은 반드시 구매한다.
- '불경기'라는 말을 잊어야 불경기에도 수요를 창조할 수 있다.
- 고객의 마음속으로 들어가면 어떤 상품을 제시할 수 있을지 알 수 있다

선물도 '콘텐츠'로 접근하라

영업을 하게 되면 고객에게 선물할 일이 많다. 그런데 사실 이게 생각보다 신경이 많이 쓰이는 일이다. 어떤 제품을 고를까, 어느 가격대를 선물할까를 선택하는 것도 고민해야 하기 때문이다. 그래서 이런 피곤함 때문에 대충 누구에게나 먹힐 것 같은 선물을 하는 설계사가 꽤 많다. 가장 대표적인 선물이 '홍삼'이다. 물론 홍삼도 저렴한 제품이 아니기 때문에 선물하고 욕먹을 일은 없지만, 이는 선물의 가치를 너무 떨어뜨리는 일이다.

일단 20~30대에게 웬 홍삼인가? 물론 그 나이에도 건강을 걱정하는 사람도 있을 수 있지만, 그들에게는 너무 올드한 선물이다. 사실 나도 선물받은 홍삼이 집에 몇 박스나 될 정도다. 50대 이상의 고객이라면 홍삼도 가능하겠지만, 이미 나이가 어느 정도 드신 고객들은 스스로 홍삼은 물론이고 각종 영양제를 스스로 맞춤형으로 사서 먹고 있을 가능성이 높다.

나는 선물을 '콘텐츠'의 개념으로 접근한다. 사실 선물이란 단순한 '물건'이 아니다. 선물을 고를 때 고객을 생각하는 설계사의 모습 자체가 이미 고객에게 어필할 수 있는 콘텐츠이다. '와, 이 설계사는 조그만 선물을 하는 데에도 이렇게나 신경쓰는구나'라는 이미지를 준다면 더욱 신뢰할 만한 설계사라는 이미지를 충분히 쌓을 수 있다. 특별한 의미와 스토리까지 담는다면 감동적인 콘텐츠도 충분히 가능하다. 거기다가 이렇게 정성스러운 선물이라면, 받아도 먹지 않는 홍삼하고는 차원이 다른 선물이 된다.

'선물은 말로 전할 수 없는 마음의 언어다'라는 말이 있다. 그러니 고객에게 선물이라는 이름의 '물건'을 주지 말고 입으로는 다 말할 수 없는 '마음의 언어'를 준다고 생각하면, 훨씬 더 빛나고 가치 있는 선물을 할 수 있을 것이다.

100 마이너스 1은
99가 아니라 0이다

"디테일이 완벽을 가능하게 하고, 완벽은 디테일에서 나온다."

- 레오나르도 다빈치(예술가) -

우리는 작고 사소한 것들을 무시하는 데 익숙하다. 큰 비중을 차지하지 않는다고 여기고, 너무 작아서 대세에 영향을 미치지 않으리라고 생각하기 때문이다. 예를 들어 1년 365일의 시간 중에서 10분은 어떻게 느껴지는가? 너무도 작은 시간이라 있으나 없으나 마찬가지라고 무시할 수 있다. 지갑에 있던 돈 중에 1,000원을 잃어버리면 어떨까? 그리 크지 않으니 '에이, 그럴 수도 있지 뭐'라며 금방 잊어버린다.

하지만 10분이든 1,000원이든 작다는 이유가 무시할 이유가 되지는 않는다. 응급의료 사건에서는 단 10분이 생명을 살리고 죽이는 골든 타임이 될 수 있다. 나에게는 있으나 없으나 마찬가지인 10분이지만, 누군가에게 10분은 목숨이 달린 시간이다. 1,000원이 아닌 1,000

만 원을 잃어버린다면 엄청나게 화가 나서 몇 날 며칠 잠을 못 잘 것이다. 그런데 1,000만 원은 1,000원이 모여서 만드는 돈이다. 이제는 작고 사소한 것들에 대한 생각을 바꾸어야 한다. 10분이 1년이고, 1,000원을 1,000만 원으로 생각할 수 있을 때, 더 크고 원대한 일을 해나갈 수 있다.

단 10분의 지각이 만든 일

초밥집에서 일을 할 때 아주 짧지만 강렬한 경험을 한 사건이 있었다. 그 사건으로 인해 시간에 대한 나의 관념은 완전히 뒤집어졌고, 내 태도를 바꾸는 데 큰 역할을 했다.

내가 원래 일하던 시간은 오전 10시 출근에 밤 9시 퇴근이었다. 그런데 경력이 있는 한 직원은 오전 7시에 출근해 가게를 오픈하고 식재료를 받아두며 영업 준비를 마친 후 오후 4시에 퇴근했다. 나는 그 자리가 무척 부러웠다. 출근 시간은 3시간밖에 앞당겨지지 않지만, 퇴근 시간은 무려 5시간이나 앞당겨지기 때문이었다. 꼭 시간만의 문제가 아니었다. 매일 밤에 퇴근하던 사람이 낮에 퇴근하게 되면 마치 하루를 덤으로 얻은 듯한 느낌마저 들 것 같았다. 평소에 무척 그 일을 하고 싶었지만, 기회가 주어지지 않았다. 그러던 중, 마침 그 일을 하던 분이 그만두게 되어 내가 할 기회가 생겼다. 나는 적극적으로 매니저님에게 어필했지만, 매니저님은 "글쎄, 오픈은 아무나 할 수 있는 일이 아닌데…"라며 고민하셨다. 사실 그때까지의 내 경력으로는 도저히 할 수 없는 일이라는 사실을 나 역시 알고 있었다. 하지만 평소 성실했던 내 모습을 본 매니저님이 결국에는 허락해 주셨다.

가게 오픈 일을 맡았던 첫날, 나는 너무도 멍청하고 어이없게도 10분을 늦고 말았다. 하지만 가게에 도착하기 전까지만 해도 그 10분이 얼마나 큰 잘못인지 모르고 있었다. 분명 늦은 것은 내가 잘못한 일이지만, 1시간도 아닌 10분이니 "내일부터는 그러지 마"라고 말하며 넘어갈 줄 알았다. 만약 내가 매니저의 입장이라도 알바가 10분을 늦었다면 가볍게 주의를 주고 넘어갔을 것이다. 그런데 웬걸. 첫날 딱 10분 늦었다는 이유로 "너는 자격이 안 돼"라며 아예 그 일에서 잘라버리셨다. 너무 죄송하다고, 다시는 늦지 않겠다고 말해도 소용없었다. 나는 칼같이 잘려버렸고, 요즘 말로 '현타'가 세게 왔다.

'아, 내가 일을 너무 만만하게 보다가 벌을 받았구나. 내 잘못으로 발생한 10분의 지각이 나에게는 별것 아닐 수 있어도, 매일 가게에 음식 재료를 배달하러 오는 사람의 입장에서는 아무 잘못도 없이 10분을 억울하게 빼앗길 수도 있겠구나….'

그때 느꼈던 허탈하고 허무한 감정은 지금도 생생하다. 그 이후 시간에 대한 나의 생각은 완전히 바뀌었고, 단 1분이라도 허투루 쓰거나 약속에 늦지 않았다.

재벌이 1시간에 버는 돈은?

어떤 설계사는 단 5분으로 인해 문제가 생긴 적도 있었다. 그가 미팅이 있다며 출발한 지 30분도 되지 않아 다시 사무실로 되돌아왔다. 얼굴이 상기되어 붉으락푸르락 이었다. 무슨 일이 있었길래 그러냐도 물었더니, 약속 장소로 가던 중 퇴근시간이라 차가 좀 막혔고, 분명 아주 예의바르게 문자도 남겼다고 했다.

"고객님 퇴근시간이라 차가 너무 막혀서 5분정도 늦을 것 같습니다. 죄송합니다 최대한 시간 맞춰 가겠습니다^^"

고객도 "네"라고만 하고 별다른 반응을 보이지 않아서 5분 정도야 문제될 것이 없다고 생각하고 약속 장소에 나갔다. 하지만 고객이 보이지 않아 전화를 했더니 "약속시간이 되었는데 오지 않아서 먼저 자리에서 일어났다."고 하는 것이 아닌가. 단 5분이 늦어서 미팅 자체가 파기되고 계약의 기회가 날아가버린 것이다. 설계사의 입장에서는 고객에게 불쾌함을 느낄 수도 있다. 단 5분 가지고 그러는 것에 너무 깐깐한 것이 아니냐고 생각할 수도 있다. 하지만 모두 나 같은 생각만 가진 것은 아니다. 결국 5분을 늦은 것도 분명 잘못은 잘못이기 때문이다.

하지만 의외로 주변에 시간에 민감하지 않은 설계사들이 꽤나 많다. 아마도 과거 초밥집에서 내가 했던 경험을 해보지 않아 아직 정신을 못 차렸을 수도 있다. 하지만 세상의 모든 일을 꼭 당해봐야 아는 것은 아니다. 시간의 소중함에 대해서는 얼마든지 진지하게 고민해볼 수 있다.

한번은 재벌들의 시급에 대한 이야기를 들은 적이 있다. 사업 규모에 따라 다르겠지만, 어떤 재벌의 시급은 750만 원에 이른다고 한다. 이 경우 10분당 125만 원을 버는 셈이다. 이 이야기가 주는 교훈은 '10분의 가치'는 사람마다 다르다는 것이다. 누군가에게는 125만 원에 해당하는 엄청난 가치가 담긴 시간일 수 있다. 그렇기에 그런 사람들은 우리가 흔히 생각하듯 '10분 정도야 괜찮겠지'라고 쉽게 넘기지 않을 것이다.

작은 시간을 '디테일'이라는 맥락에서 바라본다면, 그 중요성은 더욱 커진다. 사업을 할 때나 작품을 만들 때 디테일이란 마치 1분, 10분처럼 아주 작은 것들이다. 하지만 한 건축의 거장은 "신은 디테일 안에 있다."는 말을 했다고 한다. 뿐만 아니라 과거 맥도널드의 사장이었던 사람은 "우리가 성공할 수 있었던 것은 경쟁업체가 직원들을 세심하게 관리하지 못하고 디테일에 대한 배려가 부족했기 때문이다."라는 말을 한 적이 있다.

'디테일 경영'이라는 말을 유행시켰던 한 중국의 경영학자는 "100-1은 99가 아니라 0이다."라는 말도 했다. 작은 것 하나라도 무너지면 전체가 무너진다는 점이다. 정말로 맞는 말이다. 내가 10분을 늦어 오픈 일에서 잘리고, 함께 일하던 설계사가 5분을 늦어 계약의 기회를 놓친 것은 보면, 분명 100-1은 99가 아니라 0이다.

작고 사소한 것이라고 무시해도 된다는 생각은 큰 잘못이다. 어떤 면에서 볼 때 우리의 삶 전체가 작은 것들에 의해 이뤄지지 않는가. 그래서 작소 사소한 것을 '삶의 디테일'로 여길 필요가 있다. 디테일이 떨어지면 절대 좋은 결과물이 나올 수 없고 그것에 대한 기대조차 하지 않는 것이 올바른 생각이다. 큰 결과를 얻고 싶다면 작은 결과들을 쌓아야만 한다.

_____

- 작은 것은 양적으로 작을 뿐, 가치에 있어서 무시해도 되는 것은 아니다.
- 아무런 잘못도 없이 10분을 날린다고 생각해보라. 억울하지 않겠는가? 다른 사람도 마찬가지다.
- 작은 것을 '디테일'이라는 측면에서 바라보면, 전체 판을 뒤집을 정도로 소중한 부분이다.
- 큰 결과를 얻고 싶다면 작은 결과부터 지키고 챙겨야 한다.

성장과 존중, 청춘의 연애에 관해서

20~30대면 한창 연애를 할 나이다. 요즘에는 연애 자체를 멀리하는 사람도 있다고는 하지만, 굳이 그럴 필요가 있나 싶다. 누군가와 사랑을 나누고 깊은 관계를 만들어 나가는 것도 인생의 소중한 경험이라고 생각하기 때문이다. 내가 이렇게 연애에 관해 이야기하려는 이유는 무척 아프고 힘든 연애를 경험했고, 그것이 일에도 엄청난 영향을 미친다는 사실을 깨달았기 때문이다. 연애에 대한 조언은 여러 방면에서 할 수 있겠지만, 내 경험상 중요한 것은 '성장과 존중'이라는 차원이다.

나는 어린 시절의 친구와 연인이 되어 무려 13년이나 함께했다. 결혼까지 심각하게 고민하지는 않았지만, 특별한 일이 없다면 자연스럽게 결혼에 이를 관계였다. 그런데 사회에 나와 각자 일을 시작하면서 성장 방식이 조금씩 달라지기 시작했다. 나는 설계사 일을 시작하며 일에 푹 빠져 스스로 길을 개척하며 빠르게 성장했다. 하지만 상대방은 그렇지 못했다. 그러다 보니 사회적 위상이 조금씩 달라지기 시작했다. 이 격차가 크지 않다면 문제가 없겠지만, 너무 빠르게, 크게 벌어지면 집착의 강도가 달라지기 시작한다. 게다가 주변에서도 의심을 부추기기 시작한다.

사실 나는 거의 '을의 연애'를 하는 타입이다. 상대를 내게 맞추라고 하기보다는 내가 최선을 다해 상대에게 맞추는 스타일이다. 내가 일정한 성과를 거둔 이후에도 이런 태도는 변하지 않았다. 하지만 서로 너무나 다른 사회적 상황에 처하다 보니 나는 매일 상사에게 보고하듯 상대에게 전화를 해야 했고, 이로 인해 일에 조금씩 방해를 받기 시작했다. 게다가 무척 중요한 미팅을 앞두고 아침부터 싸우게 되면 일에도 지장이 생겼다. 이런 일이 반복되지 않으려면, 각자가 성장하며 그 성장에 서로 도움이 되는 사람이 되어야 한다고 생각한다. 누구 한 명이 계속 정체되어 있거나, 심지어 퇴보하게 된다면 이는 관계의 불균형을 만들어 낸다.

하지만 이런 상태에서도 상대방을 존중할 수 있다면 그나마 나은 편이다. 비록 내가 잘나가지 못하더라도 상대방의 성장을 존중할 수 있다면 좋은 관계를 유지할 수 있기 때문이다. 그러나 이마저도 되지 않는다면, 결국 내 성장조차 방해를 받을 뿐이다.

연애에 관해 아버님이 남기신 말씀이 있다.

"서로를 바라보는 관계보다 함께 같은 곳을 바라보는 관계가 제일 좋다."

나는 이 말씀이 연애에서 '성장과 존중'의 본질을 담은 명언이라고 생각한다. 연애를 건강하게 잘하면 일에 큰 도움이 되지만, 그렇지 않으면 많은 것을 망치는 원인이 될 수 있다.

자신감과 겸손이 함께하는
세트 플레이가 성장의 발판이다

"겸손해져라. 그것은 다른 사람에게
가장 불쾌감을 주지 않는 종류의 자신감이다."

- 쥘 르나르(극작가) -

　나는 많은 사람이 겸손을 오해하고 있다고 생각한다. 일반적으로 사람이 겸손해야 하는 이유에 대해 "그게 미덕이라서." "사람이라면 마땅히 그래야 하니까." 혹은 "겸손하지 않으면 다른 사람에게 미움을 받으니까."라고 대답한다. 하지만 나는 '겸손하지 않으면 성장과 발전이 없다'라고 생각한다. 겸손이라는 것을 여러 가지 차원에서 말할 수 있겠지만, '자신의 잘못을 인정하는 용기'라는 측면이 강하다. 반대로 겸손하지 않고 오만하거나 자만하는 사람은 "그게 뭐, 잘못이야?"라며 우기기 시작한다. 이런 사람들은 자신의 잘못을 인정하는 것을 '지는 것'이라고 여기는 사람이다. 따라서 잘못을 수정하고, 성장하는 사람은 진정으로 자신의 잘못을 인정할 수 있어야 한다. 고집으로 똘똘 뭉쳐 '내가 맞아'를 계속 외치게 되면 결국 주변 사람들도 외면하게 되고, 아집과 편견만 강해져 결국 자신만의 세계에 갇히고, 더 나은 조언을 받아들이지 못해 도태될 뿐이기 때문이다.

겸손과 자신감의 균형

자신감을 갖는 일은 참 좋은 일이다. 더구나 고객 앞에서 상품을 설명하고 계약을 해야 하는 영업자라면 더욱 그렇다. 단단한 자신감으로 무장해야 고객 앞에서도 주눅 들지 않고 계약 관계를 이끌어 나갈 수 있다. 하지만 자신감과 자만은 다른 문제다. 자신에 대한 건강한 신뢰감과 믿음은 일과 일상을 굳건히 밀고 나가는 힘이 되지만, 자만은 오히려 성장의 기회를 잃게 만들고 관계를 어지럽게 만든다. 심지어 객관적인 판단 능력을 잃어 착각과 오판을 하는 일이 많아진다. 이러한 자신감과 자만을 나누는 결정적인 차이는 바로 겸손에 있다고 본다.

진정한 자신감이 있는 사람은 겸손한 태도도 함께 갖추고 있기 때문에 실수했을 때 빠르게 인정하고 사과하며, 잘못된 점을 수정한다. 하지만 자만으로 뭉친 사람은 겸손한 태도가 없기 때문에 실수나 잘못을 인정하지도, 사과하지도 못 한다. 그러니 발전의 계기가 생겨도 그것을 스스로 발로 걷어찰 뿐이다.

'진정한 자신감에는 겸손이 함께해야 한다'는 사실을 배운 것은 학창 시절이었다. 무슨 이유에서인지는 모르겠지만, 나는 어렸을 때부터 누군가에게 주눅 들지 않는 당당함이 있었다. 그래서 선생님께서 뭔가를 지적하더라도 나의 사정을 충분히 논리적으로 설명하려고 했다. 그런데 어느 날 한 선생님께서 이렇게 말씀하셨다.

"원명아, 사람들이 뭔가 너의 잘못을 지적할 때 구구절절 변명을 하고 맨 마지막에 죄송합니다라고 말하는 것보다는, 우선 죄송합니다라고 하고 자신의 입장을 이야기하는 것이 좋아."

선생님께서는 나에게 겸손을 알려주신 것이고, 나는 이 겸손을 받아들이면서 동시에 자신감이 있는 학생이 됐다. 그렇게 하자 선생님들에게 많은 예쁨을 받았다. 나이 답지 않게 겸손하다고 생각하셨기 때문이다.

그런데 최근에는 겸손이 없는 자만을 패기로 오해하는 친구들을 종종 보곤 한다. 어떤 실수를 말해주면 "근데 왜요?"라고 답한다. 자신도 실수한 것을 인정하지만, '그런데 뭐 어쩌라고?'라는 개념이다. 이것은 잘못에 대한 진짜 인정이 아니라 단순한 감정적인 반발에 불과하다. 그리고 이러한 대답에는 '당신은 실수한 적 없어요?'라는 뉘앙스가 담겨 있기도 하다. 이럴 때면 정말로 숨이 턱 막힌다. 물론 순간적으로 그런 감정이 들 수는 있다. 하지만 그런 생각으로 똘똘 뭉쳐 모든 지적을 "근데 왜요?"라면서 튕겨낸다면 이는 자신감 있는 태도도 아니고, 겸손은 더더욱 아니다. 오히려 자신에게 솔직하지 못한 모습, 그래서 '패기'라는 이름 뒤에 숨은 부끄러운 모습이다.

모든 상황에서 겸손이 답은 아니다

나는 최근에 또 한 번 겸손해질 기회가 있었다. 뇌와 관련된 질병들도 여러 가지가 있다. 뇌혈관 질환이 가장 위험하고 보상이 많으며, 그 다음으로 뇌졸중, 뇌출혈의 순서다. 그런데 '뇌경색'이라는 또 하나의 진단명이 있다. 나는 뇌경색이 보통 뇌졸중에 포함된다는 사실은 어렴풋이 알고 있었지만, 보상금 지급에서는 뇌경색과 뇌졸중이 분리된다고 생각하고 있었다.

어느 날 응급구조사 출신의 친구와 대화를 나누던 중 이 문제가 화두에 올랐다. 내가 알고 있는 것이 확실하다고 생각했기에 나의 의견을 말했지만, 그 친구는 전혀 다른 이야기를 해주었다. 처음에는 '그냥 표현 방식이 다를 뿐이지, 결국 같은 말 아니야?'라는 반발심이 들었지만, 이야기를 자세히 들어보니 내가 놓치고 있던 부분이 있었다. 그 순간 나는 조금 부끄러웠다. 경력으로 따지자면 내가 그 친구보다 더 오래됐는데도 불구하고 정확히 알지 못했던 내용이 있었기 때문이다.

물론 부끄러움과 민망함 때문에 반발할 수도 있었겠지만, 나의 착각을 인정하고 모르는 것을 배우는 일은 결코 부끄러운 일이 아니다. 그래서 나는 그 친구에게 그런 것을 알려줘서 정말 고맙다고 말했다. 만약 그때 나의 생각을 수정하지 않았더라면 고객에게 잘못된 정보를 줄 수도 있었던 점에서 가슴을 쓸어내렸다.

솔직하고 겸손하게 인정할 것은 인정하고, 과감하게 고칠 것은 고쳐야 한다. 그 일을 계기로 나는 다시 뇌혈관 질환에 대해 공부했고, 고객에게도 피해가 가지 않도록 할 수 있었다. 이 일을 통해 자신감도 중요하지만, 겸손이 얼마나 중요한지, 그리고 겸손이 있어야 자기 발전의 계기가 된다는 사실을 다시 한번 배웠다.

물론 겸손만이 모든 것의 답은 아니다. 고개를 너무 숙여 몸까지 기울어지면 그것 역시 문제다. 이런 상태가 지속되면 주눅이 들고, 심리적으로 위축되며, 타인과 비교하는 데 지나치게 민감해질 수 있다. 이로 인해 스스로를 열등하게 여기거나 패배주의적으로 생각할 위험도 있다. 심지어 말수도 적어지고, 미리 자신의 한계를 그어놓고 절대 그 선을 넘으려 하지 않게 된다.

이런 모습은 고객들에게도 바람직하지 않다. 고객은 자신감 있게 상품을 설명하며 그 가치를 설득하는 설계사에게서 확신을 얻고 계약서에 사인한다. 쭈뼛쭈뼛 말도 제대로 하지 못하는 설계사와 계약을 하고 싶어 할 고객은 없다. 그래서 나는 '너무 과도한 겸손은 결국 해가 된다'라고 생각한다.

겸손한 자신감을 가지되 자만하지 않고, 과도하게 겸손하지 않는 태도를 유지하는 일은 쉽지 않을 수 있다. 이 사이에서 어디에 기준을 두고 어떻게 균형을 맞출지는 애매한 경우도 많다. 하지만 여러 번 시도하고 실수하는 과정을 통해 자연스럽게 터득할 수 있을 것이다.

우리는 가끔 '서툰 것'을 '어려운 것'으로 착각하기도 한다. 아직 여러 번 해보지 않아서 서툴 뿐인데도 그것을 하기 어려운 것이라고 생각한다는 이야기다. 하지만 여러 번의 시도를 통해 '자신감-자만-겸손' 사이의 황금률을 습관화한다면, 지금보다 훨씬 성숙하고 성장한 자신을 발견할 수 있을 것이다.

 가슴에 새길 TIP

- 진짜 자신감은 겸손이 함께할 때이다.
- 실수를 인정하지 않는 것을 '패기'로 생각하는 것은 비겁함과 다르지 않다.
- 겸손만이 모든 상황의 답은 아니다. 주눅이 든 상태를 겸손으로 착각해서는 안 된다.
- 꾸준히 하다 보면 어렵게 느껴진 일도 어느 순간 쉬운 일이 될 수 있다.

인정할 건 인정하는 자세가 멋지다

나는 '인정할 건 인정하자'는 말을 좋아한다. 억울한 점이 있고, 할 말이 많아도 현실을 제대로 보고, 내 모습과 직면하자는 이야기다. 바로 이러한 자세야말로 겸손의 기초가 되고, 또한 성장과 발전의 토대가 되기 때문이다.

평소 좋아하는 친구에게 좋지 않은 일이 생겼다. 어느 날 술을 마시고 대리운전을 불러 집으로 갔다고 했다. 마지막 주차공간에서 본인이 주차를 하다가 주변 택시와 사고를 내고 말았다. 아무리 주차라고 하더라도 절대로 본인이 해서는 안 될 일을 하고 만 것이다. 결국 택시 기사와 합의하는 과정에서 꽤 많은 돈이 들어갔다. 게다가 과도할 정도로 별도의 요구까지 받았다. 술을 마시고 잠시라도 운전한 것은 분명 잘못이지만, 그것으로 소위 너무 뜯어내려 한다는 생각이 들었다. 나는 아는 분에게 법에 대해 물어보기도 했고, 대처 방법을 조언하기도 했다. 친구는 마지막에 이렇게 말했다.

"원명아, 그래도 이것저것 알아봐줘서 고맙다. 어쨌거나 주차 또한 내가 하면 안 되는 거였는데, 인생 교훈을 이번에 제대로 돈 내고 배웠다."

인정할 건 인정하는 태도가 멋있게 보였다. 만약 그 친구가 인정하지 못하고 반발했으면 아무래도 상황은 더 커지고, 해결 방법은 더 요원해졌을 것이다. 나에게 유리한 상황이나 좋은 점만 인정하고 자랑하는 것이 아니라, 자신의 잘못과 실수도 인정하며 반성하는 태도가 필요하다.

우리는 각자 인생의 개척자,
탐험하고, 꿈꾸고, 발견하자 ✦

—— • ——

"행운은 준비된 자가 기회를 만났을 때 생기는 것이다."

- 세네카(정치인, 철학자) -

20~30대의 나이는 많은 것이 정해지지 않은 시기이다. 지금 하는 일이 평생 직업이 될지 알 수 없고, 아직 사회에서 내 능력이 확실히 검증되지 않았기 때문에 어디까지 올라갈지도 모른다. 그래서 이 시기는 모든 것이 애매하고 불안한 시기이기도 하다. 게다가 확실하게 물어볼 사람도 없다. 내가 나의 미래를 모르는데, 남이 어떻게 나의 미래를 알겠는가? 조언을 들을 수는 있지만, 그것도 내가 하기 나름이며, 과연 제대로 해낼 수 있을지도 의문이다.

하지만 반대로 생각해보면, 인생에서 뭔가 확실하게 정해지고 시작되는 일은 아무것도 존재하지 않는다. 모두가 이 확실성을 위해 무모하게 도전하고, 용기를 내며, 서툴러도 계속해서 앞으로 전진하는 것이 아닌가? 그래서 나는 여기에서 가장 중요한 것이 바로 꾸준함이라고 생각한다. 바로 이런 꾸준함이야말로 내가 가진 애매함의 껍질을 깨고, 확고부동한 모양으로 조금씩 굳어지게 해주는 계기가 된다.

바람이 불지 않아 바람개비가 돌지 않는 상황이라면, 그 바람개비를 든 내가 뛰어가면 되는 일이다. 내가 원하는 직선의 길이 나타나지 않는다면, 굽은 길을 돌아가는 수고로움도 감수해야 한다. 하지만 이러한 꾸준함을 발휘하기 싫고, 하루라도 빨리 성과를 내고 싶다는 마음에 운에 기대거나 잔머리를 굴리기 시작한다.

자신도 모르는 '때'를 누가 알 수 있을까?

20~30대의 삶이 애매하다 보니, 사람들의 질문에 애매한 답변을 늘어놓는 경우가 종종 있다. "결혼은 언제할 거야?"라는 질문에 "때가 되면 하겠죠."라고 말하고, "너는 언제 취업해?"라는 질문에 "상황이 괜찮아지면 되겠죠."라고 답한다. 게다가 "지금은 시기가 아닌 것 같아."라는 말을 자주 하곤 한다. 물론, 한편으로는 충분히 이해가 가는 말이다. 나도 모르는 것에 대해 질문을 받으면, 어떻게 확실한 대답을 할 수 있겠는가?

하지만 언제까지나 "나도 모르지." "때가 오겠지."라고 말하는 태도는 분명 목표와 의지와 열정이 사라진 상태이며, 그것을 이루기 위한 꾸준한 계획도 없는 상태임이 틀림없다.

어떤 면에서 본다면, 우리는 모두 단 한 번도 걸어가본 적이 없는 자기 인생이라는 첫 번째 길을 개척해 나가는 개척자, 파이오니어다. 이 럴 때일수록 열심히 주변을 살피고 탐색하며 스스로 길을 만들어 나가야 한다. 그런데 그런 사람이 "나도 모르지." "때가 오겠지."라는 대답으로 일관한다면, 그것은 게으름을 넘어 자기 인생에 대한 방치에 가깝다고 생각한다.

예를 들어, 신대륙을 찾아 떠나는 선장과 함께한 선원들이 "우리는 어디로 향하는 겁니까?" "신대륙을 정복할 수 있나요?"라고 물었을 때, 선장이 "그걸 내가 어떻게 알겠냐? 나도 처음 가는 건데!"라고 답할 수 있을까? 만약 정말로 그렇게 답을 했다면, 그것은 코미디에 불과하다. 선원들은 하나둘 배에서 내릴 것이며, 배는 출발조차 하지 못할 것이다. 결국, 꾸준히 도전하고 실천하는 것이 우리에게 주어진 '유일한 답'이다.

그런데 이 꾸준함이라는 것이 결코 쉽지 않다. 꾸준히 한다는 것은 반복적으로 한다는 것이고, 반복적으로 한다는 것은 그 지루함과 지겨움을 이겨내야 한다는 의미다. 그래서 등장하는 것이 운에 기대는 일이다.

동료, 후배들과 적지 않은 시간을 함께 일하며, 그들의 속사정을 알게 되면서 '운이 좋은 사람'과 '운이 별로 없는 사람'에 대해 생각해본 적이 있었다. 어떤 사람은 정말로 정기적으로 운이 좋은 반면, 그렇지 않은 사람은 아무리 운을 바라더라도 운이 잘 따르지 않았다. 그래서 '정말로 운은 하늘이 미리 점지하고 주는 것인가?'라는 생각도 들었고, 만약 그렇다면 너무 불공평한 것이 아니냐는 생각도 해보았다. 그런데 한 영국 심리학자의 이야기를 들으면서 운의 비결에 대해 좀 더 확실히 알게 됐다.

성공의 스파크가 튀는 순간

리처드 와이즈먼은 운이 좋은 사람의 특징을 '외향성과 개방성'이라고 했다. 이런 사람들은 적극적이고 활기가 넘치며 여유가 있어 새로운 상황에서 새로운 시도를 두려워하지 않는다. 그래서 모험도 피하지 않는다. 이렇게 본다면, 운이라는 것에는 분명한 법칙이 있는 것 같다. 늘 새로운 시도를 하고 모험을 감행하는 가운데, 그 과정에서 자신도 모르게 새로운 기회를 찾아내는 것이다. 사람들은 그것을 '운'이라고 부른다.

또한, 이러한 사람들은 새로운 시도를 늘 '성실하게' 하는 특징도 있다. 우리는 보통 성실함과 운이 있다는 말을 별개로 생각하곤 한다. 성실하다는 것은 운과는 상관없이 그저 혼자서 열심히 한다는 의미이며, 운이 따른다는 것은 성실하지 않아도 뭔가 특별한 것이 주어진다는 의미라고 여긴다. 하지만 나는 운도 노력하는 사람에게 따른다고 생각한다.

평소에 아무 일도 하지 않고 성실하지 않았던 사람에게 운이 왔다고 가정해보자. 과연 그 사람이 그 운을 충분히 활용해 자신의 것으로 만들 수 있을까? 미국의 한 자동차 경주 선수는 "성공이란 준비와 기회가 만나는 지점이다."라는 말을 했다. 준비와 기회가 함께 만나지 않으면 성공의 스파크는 결코 튀지 않는다.

일부 사람들은 '운기칠삼'이라는 말을 하기도 한다. 성공의 70%는 운에 의존하고 나머지 30%는 노력에 의존한다는 의미다. 대부분의 사람들은 여기에서 '운이 70%나 차지하는구나'라고 생각하겠지만, 우리는 '노력도 30%를 차지한다'는 점에 주목해야 한다. 아무리 70%가 채워져도 나머지 30%가 뒷받침되지 않으면 결국 성공할 수 없기 때문이다. 결국, 운을 떠받치는 것도 노력과 성실함이다.

요즘 나의 친구들은 내가 어느 정도 성공의 기반을 만들었다고 생각했는지, "원명아, 물 들어올 때 노 저어라"라고 말한다. 하지만 나는 원래부터 노를 젓고 있었다. 단지 물은 더 빠르게 가게 할 뿐이다. 평소에 아무것도 하지 않다가 물이 들어왔을 때 노를 저으려 한다면, 노가 어디 있는지도 모르고, 평소에 젓지 않았으니 어떻게 효율적으로

젓는지도 모를 것이다. 로또 같은 복권이 아닌 이상, 단순히 운으로 성공하는 사람은 세상에 단 한 명도 없다고 생각한다.

반대로, 새로운 시도를 하지 않고 모험도 하지 않는 사람에게는 새로운 기회도 생기지 않는다. 한마디로, 이런 사람은 '운이 별로 없는 사람'이 되는 것이다. 결국, 운의 비결은 '늘 성실하게 새로운 시도를 한다'로 요약할 수 있다.

리처드 와이즈먼은 운이 좋은 사람의 또 다른 특징으로 '낮은 등급의 신경증'을 꼽았다. 여기서 신경증은 불안이나 스트레스로 인한 신경 과민, 사소한 문제에 대한 과도한 반응, 질투 등을 말한다. 이러한 요소가 적은 사람들은 여유롭게 생각하고 행동하는 경향이 강하다. 그래서 그렇지 않은 사람들이 미처 발견하지 못한 새로운 기회를 발견할 가능성이 높아진다. 남들이 발견하지 못한 것을 자주 발견하니, 이는 누군가의 눈에는 '운'으로 비칠 수 있을 것이다.

작가 마크 트웨인은 이렇게 말했다.

"안전한 항구를 떠나 항해하라. 당신의 돛에 무역풍을 가득 담아라. 탐험하라. 꿈꾸라. 발견하라."

현재 상황에 안주하는 사람에게는 성과도 없고 운도 따르지 않는다. 자신이 가보지 못한 것을 탐험하고, 꿈꾸고, 발견하는 사람, 이런 사람이야말로 진정한 개척자의 인생을 살아가는 것이 아닐까?

전복적인 생각이 완전히 다른 길을 열어준다

지겨운 것을 해내는 사람이 결국 성공한다

요즘 세상에는 즐거운 것들이 너무 많다. 예능 프로그램, 유튜브, 넷플릭스 같은 OTT, 온라인 게임 등 원하는 대로 무한한 즐거움의 세계로 진입할 수 있다. 그래서 그런지 지루하고 반복적인 것을 잘 견디지 못하는 사람들을 종종 보게 된다. 자신의 목표를 향해 꾸준히 나아가지 못하고, 특히 트렌드에 따라 변덕스럽게 방향을 바꾸는 경우도 있다.

또한, 어떤 사람들은 큰 노력을 하지 않는 것처럼 보이면서도 실적이 잘 나오는 경우가 있다. 이런 사람들을 '재능이 있다'고 표현하다 보니, 꾸준한 노력의 가치가 제대로 인정받지 못하는 것 같다.

하지만 결국에는 지루한 일을 해내는 사람, 하기 싫은 일을 참고 해내는 사람이 성공하게 된다. 반면, 자신만의 재능만으로 실적을 내는 것에는 한계가 있다. 시간이 지나면서 실적은 다시 떨어지고, 이런 일이 반복되다 보면 실제로 재능이 있는 사람도 결국 지치게 마련이다.

각 분야에서 성공한 사람들을 보면, 지겹도록 비슷한 일을 반복하고, 했던 일을 또 하는 사람들이다. 소위 말하는 '고수'는 어떤 사람일까? 무술에서의 고수는 수십 년간 매일 달리기, 격파 훈련, 근육 단련, 대련을 반복하는 사람이다. 예술 분야의 고수라면 매일 그림을 그리고, 매일 악기를 연주하는 사람이다. 하루 정도는 빼먹어도 괜찮을 것 같아도, 그들은 딱 하루만 연습과 훈련을 하지 않아도 큰 차이가 난다고 말한다.

나는 그 과정에서 남들은 알 수 없는 '암묵지'라는 것이 생긴다고 생각한다. 암묵지는 직접 표현하기 어렵고 문서로 정리할 수도 없는 자신만의 숙련된 기술과 노하우를 말한다. 일상에서는 '말로 표현하기는 참 어려운데, 여하튼 그런 게 있어.'라는 정도로 설명할 수 있다. 이것은 오래되고 반복된 경험으로 만들어진 직관이기도 하고, 통찰일 수도 있다. 이런 노하우는 누군가에게 말로 전해주기도 어렵기 때문에 배우고 싶어도 배울 수 없으며, 오로지 스스로 깨달아야만 하는 것이다.

옛 고사성어에도 "같은 책을 백 번 되풀이해서 읽으면 저절로 뜻을 알게 된다."는 말이 있다. 결국, 지루하고 반복적인 일을 끊임없이 해내는 사람이야말로 최종적인 승자가 될 수 있다고 생각한다.

그럼에도 불구하고
더 씩씩하고 강단 있게

지난 2024년은 이제까지의 내 인생에서 가장 빛나면서도, 또 가장 슬픈 한 해로 기억될 것 같다. 20대 중반에 시작한 설계가 일은 지난해 최정점의 성과를 찍었으며, 더 높은 곳으로 향하기 위해 새로운 사업 분야를 개척하기 시작했다. 또 다른 영역 확장은 순조로웠고, 더 큰 희망을 발견할 수 있었다. 그러나 한 해 동안 나는 아버님과 어머님 모두를 잃고 말았다. 7월에 아버지는 불의의 사고로 저세상으로 떠나셨고, 12월에는 어머님도 떠나셨다. 누구나 사람은 한 번 태어나면 죽기 때문에 부모님을 잃는 경험은 나만 겪는 일은 아닐 것이다. 하지만 두 분 다 온전하게 건강한 삶을 살다 돌아가신 것이 아니기에 더욱 마음이 힘들었다.

아버지는 이미 젊은 시절에 큰 교통사고로 병원에서는 '살아 있는 게 기적'이라는 말을 듣고도 꿋꿋하게 건강을 되찾으셨다. 하지만 7월에 또다시 불의의 사고를 당하시면서 갑작스럽게 떠나셨다. 어머니는 암세포의 특성상 수술도 불가능하다는 소세포 폐암으로 200여 차례가 넘는 방사선 치료를 받으셨지만, 역시 기적적으로 건강을 되찾으셨다. 하지만 그 건강 역시 오래가지 않았다. 천수까지는 누리시지는 못해도, 오랜 고통과 슬픔으로 살아가셔야 했던 부모님을, 그것도 한꺼번에 잃었으니 내 인생에서 가장 슬픈 한 해임은 틀림없을 것이다.

하지만 오늘도 내가 만나는 사람들은 그 모든 상황을 알아주지는 않는다. 온전히 내가 감당해야 하는 일이고, 그래서 나는 또 늘 웃으면서 생활해야만 한다. 어쩌면 우리는 모두 다 비슷한 상황일 것이다. 개인적으로 힘든 일, 과거의 슬픈 일, 말할 수 없는 고통 속에서도 한 걸음씩 뚜벅뚜벅 걸어가야만 하는 숙명이다.

더 강한 회복 탄력성을 위해

독일의 한 철학자가 이렇게 말했다고 한다.

"나를 죽이지 못하는 것은 나를 더 강하게 만든다."

현대 사회에서는 특별한 사건·사고나 갑작스러운 질병이 아니면 사람은 쉽게 죽지 않는다. 특히 젊은 우리들은 앞으로 살아갈 날들이 많고, 가능성도 무궁무진하다. 그렇다면 이 철학자의 말처럼 우리는 삶에서 마주하는 고통과 어려움을 성장의 기회로 삼아야 한다

하지만 더 강해지기 위해서는 나를 힘들게 하는 것들 속에서 '과연 내가 무엇을 배울 수 있을까?'를 질문하고 배우는 일이 중요하다. 어떤 면에서 이 책은 매 순간 내가 일을 하면서 겪었던 수많은 고통과 슬픔,

고민과 걱정에 대해서 배운 것들을 정리해 놓은 것이다. 내가 먼저 겪은 일을 모두 전하고, 그것을 독자들이 잘 받아들일 수 있다면 사회적으로도 의미가 있다고 생각했다. 또한 이 책을 기반으로 각자의 삶에서 '내가 배울 수 있는 것은 무엇일까'를 끊임없이 염두에 둔다면, 지금보다 훨씬 더 강하고 능숙하며, 세련되게 일과 삶을 꾸려나갈 수 있을 것이라고 확신한다.

이러한 극복의 과정에서 가장 중요한 점은 바로 회복탄력성에 대한 믿음일 것이다. 회복하는 과정에서 비록 상처도 남고 예민해지기도 하며 트라우마가 생길 수도 있다. 하지만 사람은 그렇게 수동적이고 약한 존재라고 생각하지 않는다. 언제나 다시 정상과 긍정의 상태로 끊임없이 되돌아오려고 하고, 부정적인 것과 어둠을 걷어내며 반드시 밝은 빛을 향하기 때문이다.

그리 대단하지 않은 노원명이라는 사람의 삶과 글을 끝까지 읽어주신 모든 독자님에게 깊은 감사의 말씀을 드리며, 생전에 내가 쓴 책을 꼭 읽어보고 싶다고 말씀하셨던 어머님의 영전에 이 책을 바친다.

- 노원명

그럼에도 불구하고 더 씩씩하고 강단 있게

미치지 않았다면
미친 척이라도 해야 한다

1판 1쇄 펴낸 날 2025년 5월 8일

지은이 노원명

펴낸이 나성원
펴낸곳 나비의활주로

책임편집 박선주
디자인 BIG WAVE

주소 서울시 성북구 아리랑로19길 86
전화 070-7643-7272
팩스 02-6499-0595
전자우편 butterflyrun@naver.com
출판등록 제2010-000138호
상표등록 제40-1362154호
ISBN 979-11-93110-60-7 03320